Tristão e Isolda

Lenda medieval celta de amor

TEXTO INTEGRAL

VERSÃO ESCRITA POR FERNANDEL ABRANTES,
BASEADA NOS FRAGMENTOS DE BÉROUL,
THOMAS (TROVEIRO ANGLO-NORMANDO DO SÉCULO XII),
GOTTFRIED DE VON STRASSBURG,
E NOS TRABALHOS DE J. BÉDIER.

5ª EDIÇÃO

A ORTOGRAFIA DESTE LIVRO FOI ATUALIZADA SEGUNDO O
ACORDO ORTOGRÁFICO DA LÍNGUA PORTUGUESA (1990),
QUE PASSOU A VIGORAR EM 2009.

COLEÇÃO A OBRA-PRIMA DE CADA AUTOR

Tristão e Isolda

Lenda medieval celta de amor

TEXTO INTEGRAL

MARTIN CLARET

Versão baseada nos fragmentos de Béroul, Thomas (troveiro anglo-normando do século XII), Gottfried von Strassburg e nos trabalhos de J. Bédier.

DIREÇÃO
Martin Claret

COORDENAÇÃO EDITORIAL
Taís Gasparetti

PRODUÇÃO EDITORIAL
Carolina Marani Lima / Alexander B. A. Siqueira / Jaqueline M. dos Santos / Giovana G. Leonardo Fernandes / Gabriele Caldas Fernandes

DIREÇÃO DE ARTE
José Duarte T. de Castro

CAPA
Ilustração: Tristan and Isolde with the Potion (*óleo sobre tela*), *de John William Waterhouse* (1849-1917)

MIOLO
Revisão: Pedro Baraldi / Estúdio João-de-Barro / Alexander Barutti A. Siqueira
Impressão e acabamento: Paulus Gráfica

Dados Internacionais de Catalogação na Publicação (CIP)
(Câmara Brasileira do Livro, SP, Brasil)

Abrantes, Fernandel
Tristão e Isolda: lenda medieval celta de amor / versão escrita por Fernandel Abrantes; baseada nos fragmentos de Thomas Béroul, troveiro anglo-normando do século XII, Gottfried von Strassburg e nos trabalhos de J. Bédier. — 5. ed. — São Paulo: Martin Claret, 2012. — (Coleção a obra-prima de cada autor; 246)

"Texto integral"
ISBN 978-85-7232-634-6

1. Lendas 2. Literatura folclórica I. Título. II. Série.

11-06891 CDD-398.22

Índices para catálogo sistemático:

1. Lendas: Literatura folclórica 398.22

EDITORA MARTIN CLARET LTDA.
Rua Alegrete, 62 – Bairro Sumaré – CEP: 01254-010 – São Paulo – SP
Tel.: (11) 3672-8144 – Fax: (11) 3673-7146
www.martinclaret.com.br / editorial@martinclaret.com.br
Impresso em 2012

Sumário

Sumário

INTRODUÇÃO

Tristão e Isolda

O amor impossível de Tristão e Isolda inspirou obras literárias na Idade Média, foi incorporado ao ciclo arturiano e tornou-se tema de uma das mais famosas óperas de Wagner.

Tristão e Isolda são os protagonistas de uma história medieval de amor baseada numa lenda celta. O texto original foi reconstituído graças à comparação das versões mais antigas. A lenda teve seu caráter violento e sombrio preservado em duas adaptações do século XII, mas depois o relato foi suavizado. Uma de suas versões, de Gottfried von Strassburg, é uma obra-prima da poesia medieval alemã. A história, incluída nas lendas arturianas, ganhou uma versão em prosa no século XIII e voltou a despertar o interesse de poetas europeus do século XIX.

❖

Tristão e Isolda

I

A infância de Tristão

Senhores, agradar-vos-ia conhecer uma bela história de amor e de morte? É a história de Tristão e da Rainha Isolda. Ouvi como, alegres e tristes, eles se amaram, e disso morreram, no mesmo instante, ele por ela, ela por ele.

Há muito tempo, o Rei Marcos reinava na Cornualha.[1] Sabendo que seus inimigos lhe faziam guerra, Rivalen, rei de Loonnois, atravessou o mar, para lhe prestar ajuda.

Fielmente o serviu com a espada e o conselho, como só o faria um vassalo. Como recompensa, Marcos deu-lhe, para que a desposasse, sua irmã, a bela Brancaflor, a qual o Rei Rivalen amava imensamente.

Rivalen casou-se com Brancaflor no mosteiro de Tintagel. Mas, apenas se casara, veio-lhe a notícia de que o seu inimigo, o Duque Morgan, atacara Loonnois, destruindo campos, cidades, castelos. Rivalen equipou apressadamente sua frota, levando nela Brancaflor, que já estava esperando um filho, e com ela partiu para a sua terra longínqua. Chegou no porto diante do seu castelo de Kanoël, confiou a rainha à guarda de Rohald, seu marechal. Esse Rohald, por sua lealdade, era chamado por todos pelo belo nome de Rohald, o Defensor da Fé. Depois, reunindo os seus barões, Rivalen partiu para a guerra.

Por longo tempo, esperou-o Brancaflor. Infeliz dele, não volta-

---

[1] Cornualha (Cornwall, em inglês) é uma região peninsular da Grã-Bretanha. (N. do E.)

ria mais! Ela veio a saber um dia que, à traição, o matara o Duque Morgan. Não chorou; não houve clamores nem lamentos, mas seus membros enfraqueceram-se e ficaram inertes; sua alma desejou fortemente desprender-se do corpo. Rohald tentou consolá-la. Dizia ele:

— Senhora, que se aproveita no luto? Todos os que nascem não devem morrer? Que Deus receba os mortos e preserve os vivos.

Mas Brancaflor não o queria ouvir. Esperou por três dias poder ir reunir-se ao seu caro senhor, e no quarto deu à luz o filho. Tomando-o nos braços, exclamou:

— Filho, muito tempo faz que desejei ver-te, e agora vejo a mais bela criatura que alguma mulher concebeu. Triste, porém, dou-te à luz; triste é a primeira festa que te faço e, por tua causa, quase morro de tristeza. Como ao mundo vieste na tristeza, terás o nome de Tristão.

Acabando de dizer essas palavras, beijou-o e, assim que o fez, morreu. Rohald, o Defensor da Fé, recolheu o órfão. Os homens do Duque Morgan já cercavam o castelo de Kanoël. Como poderia Rohald por mais tempo sustentar essa guerra? Diz-se, e justamente, que "imprudência não é coragem". Ele se entregou à misericórdia do Duque Morgan. Mas, temendo que este matasse o filho de Rivalen, fê-lo passar por seu próprio filho, criando-o entre os outros seus filhos. Cumpridos os sete anos, quando chegou o tempo de tirá-lo das mulheres, Rohald confiou Tristão ao sábio mestre Gorvenal, o bom escudeiro. Ensinou-lhe Gorvenal, em poucos anos, as artes que são convenientes aos barões. Ensinou-lhe a manejar a lança, a espada, o escudo e o arco, a lançar os discos de pedra, a transpor de um salto os mais largos fossos; ensinou-lhe a detestar toda mentira ou felonia, a socorrer os fracos, a manter palavra dada; ensinou-lhe as diversas formas de canto, a tocar harpa e ainda a arte de caçar; e, quando a criança cavalgava entre moços escudeiros, dir-se-ia que seu cavalo, suas armas e ele mesmo formavam um só corpo, que nunca fora separado.

Vendo-o tão nobre e tão altivo, largo de ombros, delgado de quadris, forte, corajoso e fiel, todos louvavam Rohald por ter tal filho. Mas Rohald, pensando em Rivalen e Brancaflor, dos quais revia a mocidade e a graça em Tristão, amava este como filho, mas, em segredo, respeitava-o como seu senhor.

Ora, sucedeu que toda a sua alegria foi-lhe tirada um dia, quando mercadores da Noruega, atraindo Tristão à sua nau, levaram-no como prisioneiro. Enquanto singravam os mares em direção a terras estrangeiras, como o lobo caído em armadilha, Tristão se debatia.

Mas é comprovada verdade (e sabem-na todos os marinheiros) que o mar sustenta de má vontade as naves traidoras e não dá ajuda a raptos e felonias. Dessa forma, levantou-se furioso o oceano, envolveu o navio de trevas e por oito dias e oito noites o lançou ao léu. Por fim, os marinheiros perceberam, através da bruma, uma costa cercada de arrecifes e rochedos, onde o mar os queria jogar. Arrependeram-se, reconhecendo que a fúria do mar provinha de levarem a criança roubada, e fizeram promessa de a libertar, preparando um barquinho para a depositar em terra. Logo os ventos sossegaram, bem como as ondas, o céu brilhou, e, enquanto a nau dos noruegueses desaparecia ao longe, as ondas mansas e alegres levaram à areia da praia o barquinho de Tristão.

Com grande esforço, ele subiu o rochedo e viu, além de uma terra ondulada e deserta, uma imensa floresta. Estava triste, com saudade de Gorvenal, Rohald, seu pai, da terra de Loonnois, quando um alarido longínquo de caçada, gritos e sons de corneta alegraram-lhe o coração. Na orla do bosque um belo cervo surgiu. Matilha e caçadores iam no encalço dele, com grande alvoroço de vozes e trompas. Como os cães de caça se suspendiam aos cachos ao couro do seu pescoço, o cervo, a poucos passos de Tristão, dobrando as pernas, rendeu-se aos caçadores. Mas isso de nada lhe valeu: com um chuço, um dos caçadores o matou. Enquanto os caçadores tocavam a corneta em círculo, anunciando a caça, Tristão viu, espantado, que o chefe dos caçadores pretendia cortar a cabeça do cervo e, então, exclamou:

— Que faz, senhor! Está certo cortar a cabeça de um animal tão nobre, como se fosse um porco? É esse o costume dessa terra?

— Amigo — respondeu-lhe o caçador —, o que isso te surpreende? Sim, primeiro corto a cabeça do cervo; depois, dividir-lhe-emos em quatro partes o corpo, para os levar no arção de nossas selas para o nosso Rei Marcos. Assim fazemos e assim o fizeram, desde os tempos mais remotos, os caçadores da Cornualha. Se, porém, conheces um costume melhor, mostra-nos; de bom grado aprenderemos.

Tristão pôs-se de joelhos e tirou o couro do animal antes de lhe despedaçar o corpo; depois o cortou em pedaços, deixando livre, como convém, o osso corbino; finalmente tirou as orelhas, o focinho, a língua, os testículos e a veia do coração. Os caçadores e os encarregados dos cães, inclinados sobre ele, olhavam-no admirados.

— Amigo — disse o chefe dos caçadores —, são bons esses costumes; em que terra os aprendeste? Dize-nos o nome de tua pátria e o teu nome.

— Senhor, Tristão é o meu nome, e sou da terra de Loonnois.

— Tristão — disse o caçador —, que Deus recompense quem te criou de modo tão nobre. Sem dúvida que és barão rico e poderoso.

Mas Tristão, que sabia falar e bem calar, respondeu com astúcia:

— Não, senhor, sou filho de um mercador. Deixei secretamente a casa de meu pai em uma nau que partia para comerciar em terras longínquas, pois queria saber como se comportam os homens de terras estrangeiras. Mas, se entre vossos caçadores me aceitais, de bom grado vos seguirei, e outras artes da caçada irei vos ensinar.

— Admira-nos, bom Tristão, que haja terra onde filhos de mercadores saibam o que em outras filhos de cavaleiros ignoram. Mas vem conosco, se o desejas, e sejas bem-vindo. Iremos conduzir-te até o Rei Marcos.

Enquanto isso, Tristão acabava de retalhar o cervo. Deu aos cães o coração e as entranhas; ensinou aos caçadores como fazer a ceva. Depois, pendurou em forquilhas os pedaços bem divididos e os confiou aos diferentes caçadores: a um, a cabeça; a outro, o lombo e a alcatra; a este a charneira e o acém; àqueles as patas; e a tal outro, o colchão. Ensinou-lhes como se deviam dispor, dois a dois, para cavalgar em boa ordem, segundo a nobreza das porções de caça, postas nas forquilhas.

Puseram-se, então, a caminho, conversando animadamente, até que viram um grande castelo. Cercavam-no prados, pomares, águas de nascente, tanques de pescados e terras de cultivo. Numerosas naus entravam no porto. Elevava-se o castelo à beira-mar, belo e forte, dotado de toda proteção contra assalto e engenhos de guerra. A torre principal, construída outrora por gigantes, era feita de grandes cantos bem talhados, dispostos à maneira de tabuleiro de xadrez, verde e azul.

Tristão perguntou o nome do castelo.

— Bom jovem, seu nome é Tintagel.

— Tintagel — exclamou Tristão —, bendito sejas e benditos sejam teus moradores!

Senhores, fora ali que, outrora, com toda a pompa e alegria, seu pai Rivalen desposara Brancaflor. Mas Tristão ignorava tal fato.

Quando chegaram ao sopé do torreão, as fanfarras dos caçadores chamaram às portas os barões e até o Rei Marcos.

Depois que o chefe dos caçadores narrou a aventura, o Rei Marcos admirou o garbo daquela cavalgada, o cervo bem retalhado e o grande cuidado posto na arte da montaria. Acima de tudo, admirou o belo menino estrangeiro, e tanto que dele seus olhos se não podiam despregar. "De onde lhe vinha a secreta ternura?", perguntava o rei ao coração e não conseguia compreender.

Senhores, era a voz do sangue, que nele o comovia e falava; era o grande amor que consagrara à sua irmã Brancaflor.

À noite, quando as mesas foram retiradas, um trovador galês, mestre na arte, avançou, entre os barões reunidos, e cantou trovas de harpa. Tristão sentou-se aos pés do rei, e, como o harpista preludiasse nova melodia, o menino disse:

— Senhor, esta é uma das mais belas trovas que existem... Compuseram-na outrora os antigos bretões, para celebrar os amores de Graelent. O tom é suave, e ternas, as palavras. Mestre, vossa voz é hábil e tocai muito bem a harpa!

Depois de cantar, o galês respondeu:

— Criança, que sabes da arte dos instrumentos? Se os mercadores da terra de Loonnois ensinam também a seus filhos tocar harpa, levanta-te, toma desta harpa e mostra-nos tua arte.

Tristão pegou o instrumento e tão lindamente cantou que os barões se enterneceram. O Rei Marcos, admirado, escutava o jovem harpista vindo de Loonnois, para onde outrora Rivalen conduzira Brancaflor.

Quando acabou a trova, o rei ficou silencioso.

— Filho — disse finalmente —, bendito o mestre que te ensinou, e tu, bendito sejas! Porque os bons cantores agradam a Deus. A voz deles e a voz da harpa penetram o coração dos homens, neles despertam lembranças suaves, fazendo até esquecer tristezas e malefícios. Para o nosso deleite, vieste à nossa morada. Fica, pois, por muito tempo conosco, meu amigo!

— De bom grado, senhor, vos servirei — respondeu Tristão — como vosso harpista, vosso caçador e vosso vassalo!

E assim foi. Durante três anos viveu no coração de ambos mútua ternura. Durante o dia Tristão acompanhava Marcos nas audiências ou nas caçadas, e à noite, como dormia na câmara real, entre os íntimos do rei, se este estava triste, tocava a harpa, para tranquilizar seu coração. Os barões gostavam muito do menino, especialmente, como a história vos dirá, o senescal Dinas de Lidan. Mais ternamente que os barões e que o senescal, amava-o o rei. Apesar dessa ternura, não se consolava Tristão de ter perdido Rohald, seu pai, seu mestre Gorvenal e sua terra de Loonnois.

Senhores, convém ao narrador que deseja agradar evitar longas digressões. É tão bela e tão diversa a matéria deste conto! Que servirá prolongá-lo? Direi, pois, brevemente, como, depois de ter, por muito tempo, errado por terras e mares, Rohald, o Defensor da Fé, chegou a Cornualha, encontrou Tristão e, mostrando ao rei o carbúnculo dado por ele a Brancaflor como presente de núpcias, disse-lhe:

— Rei Marcos, este é Tristão de Loonnois, vosso sobrinho, filho de vossa irmã Brancaflor e de seu esposo, o Rei Rivalen. O Duque Morgan detém por fraude a sua terra; já é tempo que ela seja devolvida ao legítimo dono.

E brevemente direi como Tristão, recebendo de seu tio as armas de cavaleiro, atravessou o mar em naus da Cornualha, fez-se reconhecer por antigos e fiéis vassalos de seu pai, desafiou o matador de Rivalen e o destroçou e matou, obtendo de volta a sua terra.

Depois, pensou que o Rei Marcos já não podia viver feliz sem ele e, como a nobreza do seu coração lhe revelava sempre o partido mais sábio a adotar, reuniu seus condes e seus barões e disse-lhes:

— Senhores de Loonnois, esta terra reconquistei e vinguei meu pai e senhor Rei Rivalen, com a ajuda de Deus e a vossa ajuda. Desse modo, restituí o direito de meu pai. Mas dois homens, Rohald e o Rei Marcos, sustentaram o órfão e a criança errante, e eu lhes devo também chamar meus pais. Não reconhecerei o direito deles? Ora, a um homem eminente cabem duas coisas próprias: a sua terra e a sua pessoa. Portanto, a Rohald, que aqui tendes, darei a minha terra. Pai, vós a conservareis, e vosso filho, a seu tempo, de vós a receberá. Ao Rei Marcos dou a minha pessoa; deixarei a pátria, embora ela me seja tão cara, e irei servir ao meu senhor e tio, na Cornualha. Essa é minha vontade; mas vós, que sois meus vassalos, me deveis vosso conselho. Se, pois, algum de vós me quer dar outro desígnio, que se levante e fale.

Mas todos os barões louvaram-no com lágrimas, e Tristão, levando consigo apenas Gorvenal, foi para as terras do Rei Marcos.

❖

II

O Morholt da Irlanda

Quando Tristão lá chegou, o Rei Marcos e seus barões estavam de luto pesado. O rei da Irlanda tinha equipado uma frota para destroçar a Cornualha, se Marcos recusasse, como já o fazia por 15 anos, a pagar o tributo outrora imposto a seus antepassados. Segundo antigos tratados, os irlandeses podiam cobrar da Cornualha no primeiro ano 300 libras de cobre, no segundo 300 libras de prata, no terceiro 300 libras de ouro. No quarto ano, porém, eles levavam 300 moças e 300 moços com a idade de 15 anos, tirados por sorteio dentre as famílias da Cornualha.

Ora, naquele ano o rei havia enviado como mensageiro a Tintagel um gigante cavaleiro, o Morholt, cuja irmã ele desposara, o qual nunca fora vencido em luta. O Rei Marcos, porém, havia convocado por carta todos os barões de seus domínios para ouvir o que eles tinham a dizer.

No dia marcado, quando os barões se reuniram na sala do trono, e o Rei Marcos sentou-se sob o trono, o Morholt disse:

— Rei Marcos, ouvi pela última vez o que manda o rei da Irlanda, meu senhor. Ele vos manda pagar o tributo. Como faz longo tempo que não o fazeis, ele requer que me entregues, hoje mesmo, 300 moços e 300 moças, escolhidos por sorte dentre as famílias da Cornualha. Minha nau, ancorada no porto de Tintagel, os levará para serem nossos servos. Entretanto, e eu excetuo somente a vós, Rei Marcos, como convém, se algum dos vossos barões quiser provar por duelo que o rei da Irlanda não tem razão cobrando tal tributo, aceitarei o desafio. Qual dentre vós, senhores, quer se bater em duelo pela libertação desta terra?

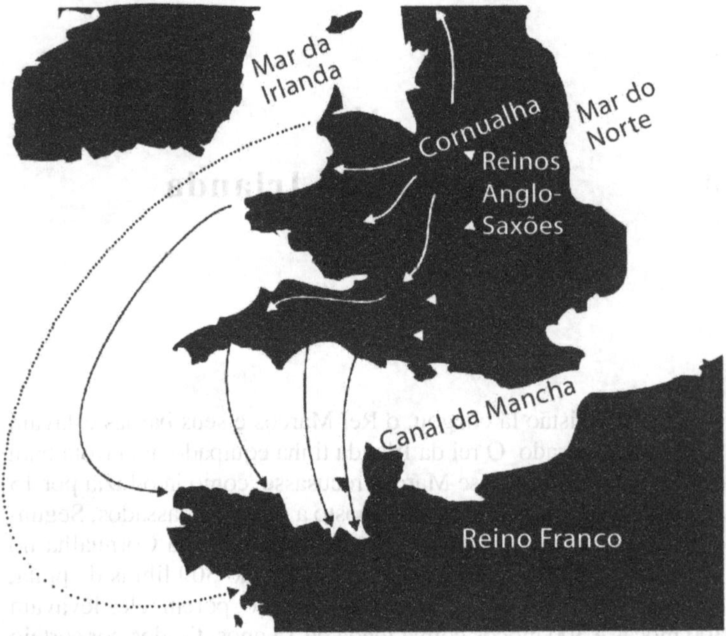

Olhavam-se os barões, entre si, os olhos baixos, curvando em seguida a cabeça. "Observa", dizia um consigo mesmo, "a estatura do Morholt da Irlanda: ele é mais forte que quatro homens robustos. Olha a espada: ignoras que sua espada por sortilégio faz voar a cabeça dos mais audazes campeões, desde que, há tantos anos, é enviado pelo rei da Irlanda aos seus desafios, pelas terras vassalas? Estás procurando a morte? Por que tentas a Deus?" O outro imaginava: "Criei-vos, filhos meus, para os serviços de servos, e vós, filhas queridas, para serem mulheres soltas na vida? Minha morte não vos salvaria". E todos permaneciam em silêncio.

Disse ainda o Morholt: "Qual dentre vós, senhores da Cornualha, quer aceitar meu desafio? Ofereço-vos bela batalha: passados três dias, em barcas, ganharemos a Ilha de Saint-Samson, ao largo de Tintagel. Ali, vosso cavaleiro e eu duelaremos, e a glória de ter tentado tal batalha recairá sobre toda a família".

Eles continuavam mudos, e o Morholt parecia um gerifalte que fosse fechado em uma gaiola com passarinhos: quando ele entra, os outros todos se calam. Falou pela terceira vez o Morholt: "Pois bem, bons senhores da Cornualha, se vos parecei o mais nobre partido, tirai à sorte os vossos filhos, e eu os levarei! Mas, na verdade, não acreditava que toda esta terra fosse habitada só por servos!".

Então, prosternando-se aos joelhos do rei, disse Tristão:

— Senhor rei, se vos apraz concederdes a mim tal honra, bater-me-ei em duelo.

Inutilmente tentou o Rei Marcos dissuadi-lo da empresa. Parecia-lhe muito jovem o cavaleiro; de que lhe serviria a ousadia? Mas Tristão atirou a luva ao Morholt, e este a levantou.

No dia marcado, pôs-se Tristão sobre uma colcha vermelha e se fez armar para a arriscada aventura. Vestiu a loriga, embraçou o escudo e enlaçou o elmo de aço polido. Os barões choravam de pena pelo jovem corajoso e de vergonha por si mesmos. "Ah, Tristão", diziam, "ousado barão, bela mocidade, por que não empreendo eu, em vez de vós, tal batalha? Minha morte traria menos dor a esta terra!"

Os sinos tocaram, e todos os da baronia e os do povo, velhos, crianças, mulheres, orando e chorando, escoltaram Tristão até a praia. Eles ainda esperavam que algo acontecesse, pois de poucos recursos vive a esperança no coração dos homens.

Tristão subiu sozinho em uma barca e navegou para a Ilha de Saint-Samson. No mastro da sua barca, o Morholt içara uma rica vela de púrpura e, antes do outro, chegou à ilha. Já amarrava a barca na praia, quando Tristão, tocando a terra, por sua vez, afastou a embarcação para o mar.

— Que fazes? — disse o Morholt. — Por que não prendes tua barca a uma amarra?

— Para quê? — respondeu Tristão. — Só um de nós voltará vivo daqui: não lhe bastará apenas uma barca?

E os dois foram para o duelo, incitando-se por palavras ultrajantes, penetrando na ilha.

Ninguém viu a luta, mas, por três vezes, o vento do mar trouxe a terra firme um clamor furioso. Então, em sinal de luto, as mulheres batiam palmas em coro, os companheiros do Morholt riam, agrupados à parte, diante de suas tendas. Enfim, a certa hora viu-se, ao longe, a vela de púrpura; a barca do irlandês saía da ilha, e a voz do desespero retumbou: "O Morholt! O Morholt!" Mas, como a barca crescesse, aproximando-se, viram todos de repente, no cimo de uma vaga, de pé, à proa, um cavaleiro de cujo punho brandia uma espada. Era Tristão!

Logo 20 barcas foram ao seu encontro, e à água se lançaram, a nado, moços e infantes. O bravo saltou para a terra, e, enquanto as mães, de joelhos, lhe beijavam as caneleiras de ferro, gritou aos companheiros do Morholt:

— Senhores da Irlanda, o Morholt lutou muito bem. Vede, minha espada está denteada, e um fragmento da lâmina ficou cravada no crânio dele. Levai, senhores, este fragmento de aço: é o tributo da Cornualha!

Subiu, então, a Tintagel. À sua passagem, as crianças libertadas agitavam, gritando, ramos verdes; ricas cortinas estendiam-se nas janelas. Mas, quando, entre cânticos de alegria, repiques de sino, sons de trompas e buzinas, tão retumbantes que se não ouviria mesmo o trovão de Deus, chegou Tristão ao castelo, caiu nos braços do rei, com o sangue lhe vertendo pelas feridas.

Abatidos, os companheiros do Morholt desembarcaram na Irlanda. Outrora, quando chegava ao porto de Weisefort, rejubilava o Morholt de rever sua gente, que, reunida, o aclamava, com a rainha, sua irmã e sua sobrinha, Isolda, a Loura, a dos Cabelos de Ouro, cuja beleza brilhava como sol que se levanta. Carinhosamente o acolhiam, e, se tinha alguma ferida, elas faziam curativos, pois sabiam das virtudes de bálsamos e beberagens que reanimam feridos quase à morte. Mas de que lhes valiam as receitas mágicas, as ervas colhidas em horas propícias, todos os filtros? Ele jazia morto, cosido em um couro de cervo e com o fragmento da espada inimiga ainda cravado no crânio, o qual retirou Isolda para encerrá-lo em um cofrezinho de marfim, precioso como um relicário. E, inclinadas sobre o cadáver gigante, mãe e filha repetiam interminavelmente o elogio do morto e interminavelmente maldiziam o matador dele, alternando, entre as mulheres, o sufrágio fúnebre. Desde esse dia, Isolda começou a odiar o nome de Tristão de Loonnois.

Em Tintagel, Tristão definhava. Saía-lhe das feridas um sangue negro envenenado. Reconhecendo os mestres físicos que o Morholt lhe havia cravado nas carnes uma farpa envenenada, e como as beberagens e a triaga não o podiam salvar, à guarda de Deus o confiaram. Das feridas exalava um cheiro tão putrefato que todos os seus mais queridos amigos fugiam dele, menos o Rei Marcos, Gorvenal e Dinas de Lidan. Só conseguiam permanecer à cabeceira do enfermo vencendo neles o amor à repugnância natural. Finalmente, Tristão foi conduzido a uma cabana construída à beira-mar, em um lugar solitário, e ali, deitado de face para o mar, esperava a morte.

— Rei Marcos — exclamava o mísero, no delírio da febre —, vós me abandonastes, a mim que salvei a honra de vossa terra? Mas, não; bem sei, bom tio, que daríeis a vossa vida pela minha; mas de que vale a vossa ternura? De nada mais me vale. Devo morrer. Entretanto, como seria bom ver o sol, e meu coração ainda se atreve a desejar, e minha vontade ainda ousa uma esperança. Quero tentar o mar venturoso. Quero que ele me leve longe, sozinho. Para que terra? Não sei, mas lá talvez ache quem me cure. Talvez ainda um dia vos possa servir, bom tio, como harpista, como caçador e como vassalo.

E ele tanto suplicou que o Rei Marcos se comoveu com seu desejo. Levou-o a uma barca sem vela nem remos, com apenas uma harpa ao lado dele, tal como pedira Tristão. Para que velas, se seus braços não poderiam içar? Para que remos? Para que a espada? Como o marinheiro que ao longo de uma grande travessia lança pela amurada o cadáver do antigo companheiro, assim, de seus braços trêmulos, Gorvenal empurrou para o mar a barca onde jazia seu filho querido.

Sete dias e sete noites levou-o o mar, suavemente. Às vezes, tocava Tristão a harpa, a fim de esquecer sua desventura. Por fim o mar, à revelia dele, o acostou em uma praia. Ora, nessa noite, os pescadores haviam deixado o porto para lançar suas redes ao mar e remavam, quando ouviram doce melodia que corria rente à água. Imóveis, os remos suspensos sobre as vagas, eles escutavam; à primeira claridade da aurora perceberam, ao longe, a barca errante.

Diziam eles entre si: “uma música sobrenatural envolvera a barca de São Brandão, quando navegava para as Ilhas Fortunées, sobre mar branco como leite”. Remaram para alcançar a barca, que derivava e parecia abandonada, impelida apenas pela pungente voz da harpa. Mas, ao se aproximarem, a melodia cessou totalmente; quando abordaram a barca, as mãos de Tristão caíram inertes sobre as cordas, ainda frementes. Recolheram-no os pescadores e voltaram ao porto, para entregar o ferido à piedosa dama de todos eles, a qual talvez o conseguisse curar.

Mas, ah, infelicidade, este porto era Weisefort, onde fora enterrado o Morholt, e a dama era Isolda, a Loura. Só ela, hábil na arte dos filtros, poderia salvar Tristão; mas também só ela, entre as mulheres, queria a morte dele. Quando Tristão, reanimado por arte de Isolda, voltou a si, viu que as ondas o haviam lançado a uma terra de perigos. Mas, com coragem ainda para salvar a vida, soube logo achar palavras astuciosas. Contou que era um trovador que viera em um navio mercante: navegava para a Espanha, para aprender a arte de ler nas estrelas; piratas haviam atacado a nau e, ferido, fugira na barca. Acreditaram nele; nenhum dos companheiros do Morholt reconheceu o belo cavaleiro da Ilha de Saint-Samson, tanto o veneno havia lhe deformado os traços.

Mas quando, após 40 dias, Isolda dos Cabelos de Ouro quase o havia curado, como já nos seus membros começasse a voltar a graça da juventude, ele compreendeu que devia fugir. Assim o fez, e, depois de muitos perigos, um dia reapareceu Tristão diante do Rei Marcos.

E, assim, primeiro o destino finge afastar aqueles que depois vai implacavelmente reunir...

❖

III

A conquista da Bela dos Cabelos de Ouro

Havia na corte do Rei Marcos quatro barões, os mais desleais dos homens, que odiavam Tristão, com ódio mortal, não só pela sua coragem, mas também pelo terno amor que o rei lhe dedicava. E eu sei seus nomes para vô-los dizer: Andret, Guenelon, Gondoine e Denoalen. Ora, o Duque Andret era, como Tristão, sobrinho do Rei Marcos. Adivinhando que o rei determinara envelhecer sem filhos para deixar a sua terra a Tristão, ficaram roídos pela inveja, e, com mentiras, animaram os homens ricos da Cornualha contra Tristão.

— Quantas maravilhas na vida dele! — diziam os traidores —; mas sois homens de bom-senso, senhores, e sem dúvida a razão achareis. Que ele tenha vencido o Morholt, eis belo prodígio; mas por que sortilégio, quase morto, pôde sozinho navegar sobre o mar? Qual de nós, senhores, levaria a bom porto uma nave sem remos nem velas? Só feiticeiros o podem fazer. Depois, em que torrão encantado ele pôde achar remédio para suas feridas? Decerto é mago. Sim, era fada sua barca e também sua espada; sem dúvida sua harpa é encantada e derrama, todos os dias, veneno no coração do Rei Marcos. Ele conseguiu domar esse coração por força e encanto da feitiçaria! Ele será rei, senhores, e vós tereis o vosso poder de um feiticeiro!

Assim, os maus barões persuadiram quase todos os outros, pois muitos homens ignoram que o poder dos magos também é o do coração, se tem força de amor e de ousadia. Por isso os barões aconselharam ao Rei Marcos que procurasse mulher, uma princesa, que lhe desse herdeiros; se recusasse o conselho, retirar-se-iam a seus castelos e dali com ele iriam guerrear.

Resistia o rei, jurando no seu coração que, enquanto vivesse o seu querido sobrinho, nenhuma princesa lhe daria sucessor. Mas, por seu lado, Tristão, que não suportava a suspeita de que amasse o tio por ambição, ameaçou-o: que se rendesse à vontade de seus barões, senão abandonaria a corte e iria servir ao rei da Gavoia. O Rei Marcos deu então um prazo a seus barões: dali a 40 dias decidiria.

No dia marcado, sozinho em sua câmara, esperava a vinda deles e refletia: "Onde acharia uma princesa, tão longínqua e inacessível que eu pudesse fingir, mas somente fingir, querê-la por mulher?".

Nesse instante, pela janela que se abria ao mar, duas andorinhas, que construíam o ninho perto dali, entraram disputando entre si e, depois, assustadas, saíram; porém, do bico delas caíra longo fio de cabelo de mulher, mais fino que o fio da seda, mais louro que um raio de sol.

Marcos, tomando-o nas mãos, fez entrar os barões e Tristão na sua câmara e disse:

— Para deixar-vos felizes, senhores, desposarei uma mulher, se quiserdes buscar a de minha escolha.

— Por certo que o queremos, bom senhor; qual escolhestes?

— Escolhi a dona deste cabelo de ouro: ficai sabendo que outra não quero.

— De onde, bom senhor, vos chegou este cabelo de ouro? Quem o trouxe? De que terra?

— Quem mo deu, senhores, foi a Bela dos Cabelos de Ouro; duas andorinhas o trouxeram: só elas sabem de onde.

Compreenderam os barões que haviam sido ridicularizados e enganados e olharam Tristão com rancor, suspeitando que fosse dele o conselho astucioso. Mas Tristão, havendo examinado o cabelo de ouro, lembrou-se de Isolda, a Loura, sorriu e disse:

— Fizeste mal, Rei Marcos: não vedes que as suspeitas destes senhores me infamam? Foi em vão que engendrastes essa astúcia. Irei buscar a Bela dos Cabelos de Ouro! Sabei que a conquista será perigosa; será mais difícil voltar da terra dela do que foi difícil voltar da ilha em que matei Morholt; mas, de novo, bom tio, quero por vós dispor do meu corpo e da minha vida, em uma rara aventura. Para que saibam vossos barões o amor leal com que vos amo, empenho minha palavra neste juramento: ou morrerei nesta missão, ou a este castelo hei de trazer a Rainha dos Cabelos de Ouro!

Equipou uma bela nau, guarnecendo-a de trigo, vinho, mel e todas as boas provisões. Nela fez embarcar Gorvenal e cem jovens cavaleiros de alta linhagem, escolhidos dentre os mais corajosos, e os disfarçou com saios de burel e grosseiras capas de camelão, de modo que parecessem mercadores. Contudo, no convés da nave escondiam seus ricos trajes de tecido de ouro, de sendal e de escarlate, como convêm aos mensageiros de rei tão poderoso.

Quando a nau se pôs ao mar, o piloto perguntou:

— Bom senhor, para onde vamos navegar?

— Rumai para a Irlanda, direto ao porto de Weisefort.

O timoneiro tremeu: Tristão não sabia que desde a morte de Morholt o rei da Irlanda perseguia as naus da Cornualha? Os marinheiros que saíam em terra eram enforcados. O timoneiro, todavia, obedeceu e partiu rumo à terra perigosa.

Primeiro soube Tristão persuadir a gente de Weisefort de que seus companheiros eram mercadores da Inglaterra, vindos em paz para comerciar. Mas como esses mercadores, de insólitos costumes, passavam o dia nos nobres jogos de tavolado, no xadrez, parecendo manejar melhor os dados do que medir o trigo, Tristão receou ser descoberto e não sabia como ousar a sua aventura.

Certa manhã, antes que rompesse o dia, ouviu voz tão tremenda que se diria ser grito do demônio. Jamais ouvira um animal uivar de tal maneira, tão horrenda e espantosa. Chamou por uma mulher que passava pelo porto.

— Dizei-me, boa senhora, de onde vem este grito?

— Por certo, senhor, que o direi. Vem de um animal feroz, o mais terrível que existe no mundo. Cada manhã, ele desce de sua caverna e se detém às portas da cidade. Ninguém entra nem sai antes que se dê uma donzela ao dragão. Assim que a tem nas suas garras, devora-a em menos tempo do que é preciso para recitar um padre-nosso.

— Senhora — replicou Tristão —, não zombeis de mim; antes, dizei-me se será possível a homem nascido de mulher matá-lo em batalha.

— Ao certo, bom e nobre senhor, não o sei; só o que sei é que 20 experimentados cavaleiros já tentaram a aventura, pois o rei da Irlanda mandou proclamar que daria sua filha, Isolda, a Loura, a quem matasse o monstro. Mas a fera destruiu todos.

Tristão deixou a mulher e entrou na sua nave. Armou-se secretamente; teria sido espantoso ver sair de uma nau mercante tão belo cavalo e cavaleiro. Mas o porto estava deserto, pois apenas raiava o dia; ninguém viu o bravo cavalgar até a porta que a mulher lhe havia indicado. Súbito, no caminho, surgiram cinco homens esporeando os cavalos, fugindo para a cidade. Quando passavam, Tristão agarrou um deles pelos seus cabelos ruivos trançados com tanta força que o derrubou do cavalo e continuou segurando-o.

— Deus vos salve, bom senhor — disse-lhe Tristão —, por que estrada vem o dragão?

E quando o fugitivo a mostrou, Tristão o deixou partir.

O monstro aproximava-se. Tinha cabeça de víbora, olhos vermelhos como carvões acesos, dois chifres na testa, longas orelhas peludas, garras de leão, cauda de serpente, corpo escamoso de grifo.

Contra ele arremeteu Tristão o seu cavalo com tal força que, mesmo arrepiado de terror, ainda assim assaltou o monstro. A lança de Tristão tocou-lhe as escamas do corpo, mas voou em pedaços. Logo o bravo arrancou a espada, levantou-a sobre a cabeça da fera e com todo esforço a derrubou sobre ela: nem lhe arranhou o couro. Contudo, o dragão sentiu-se atingido e lançou as garras contra o escudo, fazendo voar as braçadeiras. Com o peito descoberto, Tristão ainda pegou a espada e a lançou no flanco da fera com tão violento golpe que o ar tremeu. Mas em vão, não a pôde ferir. O monstro lançou pelas ventas um duplo jato de chamas venenosas; o elmo de Tristão escureceu como carvão apagado, seu cavalo caiu e morreu. Mas, levantando-se da queda, Tristão arremeteu contra as faces da fera e meteu-lhe a espada, inteira, pela goela adentro. Ali a espada penetrou e fendeu em duas partes o coração. Pela última vez o dragão deu o seu horrendo grito e morreu. Tristão cortou-lhe a língua e a pôs nas suas perneiras. Depois, tonto pela fumaça acre, foi até uma água estagnada, que viu brilhar a alguns passos. Mas o veneno destilado pela língua do monstro aqueceu-se tanto contra o seu corpo, que, nas altas ervas que orlavam pântano, caiu desacordado o herói. Ora, o fugitivo de cabelos ruivos trançados era Aguyguerran, o Ruivo, senescal do rei da Irlanda, o qual também desejava Isolda, a Loura. Era covarde, mas tal é o poder do amor de tudo ousar que todas as manhãs se emboscava, armado, para assaltar o dragão; entretanto, de mais longe que ouvisse o rugido da fera, dali mesmo o cavaleiro voltava, fugindo. Nesse dia, porém, seguido de seus quatro companheiros, ousou tornar atrás. Achou morto o dragão e mais um cavalo, um escudo quebrado e pensou que o vencedor acabara por morrer, em alguma parte.

Cortou, então, a cabeça da fera, levou-a ao rei, reclamando o prometido pagamento.

O rei não conseguia acreditar nessa façanha; mas tampouco quis negar-lhe o direito; convidou seus vassalos para virem à corte dali a três dias, quando o senescal Aguyguerran traria as provas de sua façanha.

Quando Isolda, a Loura, soube que seria entregue a esse covarde, deu a princípio uma grande risada, mas depois começou a lamentar-se. No dia seguinte, porém, suspeitando da impostura, levou consigo um pagem, o louro Perinis, e Brangien, sua companheira; e todos os três, secretamente, cavalgaram para o lugar onde ficava o monstro. Cavalgaram até que Isolda reparou, na estrada, um rastro desusado; sem dúvida o cavalo que por ali passara não fora ferrado na Irlanda. Depois, adiante; encontrou o dragão degolado e o cavalo morto: este não era ajaezado à moda da terra. Certamente a fera fora morta por algum forasteiro: onde estaria, porém, o matador?

Isolda, com Perinis e Brangien, procuraram-no por ali; por fim, entre as ervas do pântano, viu Brangien reluzir o elmo do herói, o qual ainda respirava. Perinis tomou-o no seu corcel e, em segredo, levou-o até a câmara das damas, no palácio real. Ali Isolda contou a aventura à sua mãe e rainha e lhe confiou o desconhecido. Como lhe despissem a armadura, das perneiras caiu a língua peçonhenta do monstro.

Por virtude de uma erva mágica, a rainha da Irlanda conseguiu despertar o ferido e assim lhe foi dizendo:

— Estrangeiro, bem sei que és, na verdade, o matador do dragão. Mas o nosso senescal, um traidor e covarde, cortou-lhe a cabeça e reclama minha filha, a Isolda, a Loura, por pagamento. Poderás, daqui a dois dias, demonstrar-lhe o erro, em duelo?

— Senhora — disse Tristão —, o prazo é curto. Mas sem dúvida vós me podeis, em dois dias, curar. Eu conquistei Isolda lutando contra o dragão; talvez a reconquiste contra o senescal.

Então, hospedou-o ricamente a rainha e para ele compôs remédios. No dia seguinte, Isolda, a Loura, preparou-lhe um banho e docemente lhe ungiu o corpo com o bálsamo feito pela rainha. Examinou o rosto do ferido, viu que era belo e pôs-se a pensar: "Por certo que se a sua coragem for como a sua beleza, meu campeão lutará bem rude combate!". Mas Tristão, reanimado pelo calor da água e a magia dos bálsamos, também a examinava e, pensando que havia de conquistar a Rainha dos Cabelos de Ouro, pôs-se a sorrir. Isolda surpreendeu-o e indagou a si mesma: "Por que sorri este forasteiro? Fiz acaso algo que não convinha? Esqueci, porventura, o serviço que deva ainda uma donzela a seu hóspede? Sim, talvez risse por eu ter me esquecido de limpar suas armas, manchadas pelo veneno".

Procurou, então, essas armas. "Este elmo é de bom aço", considerou ela, "e não falhará à necessidade. Esta loriga é forte, leve e bem digna de ser vestida por um bravo". Tomou, então, a espada pelo punho: "Certamente é bela, como convém a destemido barão". Retirou da bainha a lâmina ensanguentada para limpá-la. Mas viu que estava dentada, tinha uma brecha. Reparou na forma do entalhe: não seria esta a lâmina que se quebrou na cabeça do Morholt? Hesitou, olhou, quis confirmar sua suspeita. Correu à câmara em que guardara o fragmento de aço, outrora retirada do crânio do tio. Juntou o pedaço de metal à brecha do ferro: mal se distinguia o sinal da quebradura.

Então, precipitou-se ela contra Tristão e, volteando a grande espada sobre a cabeça do ferido, exclamou:

— Sois Tristão de Loonnois, o matador do Morholt, meu querido tio. Então, morre, por vossa vez!

Tristão fez um supremo esforço para deter o braço de Isolda, mas foi em vão, o corpo estava paralisado, embora o espírito continuasse ágil. Falou-lhe, pois, com astúcia:

— Certo, morrerei; mas, para poupar-vos longo arrependimento, escutai princesa, fica sabendo que tendes o direito e o poder de me matar. Sim, tendes direito sobre minha vida, pois por duas vezes vós a devolvestes para mim. Na primeira vez, eu era o trovador ferido que salvastes, quando me tirastes do corpo o veneno com que o chuço do Morholt o envenenara. Não vos envergonheis, donzela, de ter-me curado dessas feridas. Eu não as recebi em luta leal? Ele não me havia desafiado? Eu não devia ter me defendido? Na segunda vez, vós me salvastes quando fostes procurar-me no pântano. Foi por vós, donzela, que lutei contra o dragão. Deixemos, porém, dessas coisas. Eu apenas queria provar-vos que, por ter me salvado do risco da morte por duas vezes, tendes total direito à minha vida. Matai-me, então, se pensais que com isso vos virá glória. Certamente, quando estiverdes nos braços do senescal, ser-vos-á doce a lembrança de vosso hóspede ferido, que arriscou a vida para vos conquistar e vos conquistou, e matastes, sem defesa.

Isolda respondeu:

— Dizeis palavras maravilhosas. Por que o matador do Morholt quis conquistar-me? Certamente porque, uma vez que o Morholt ha-

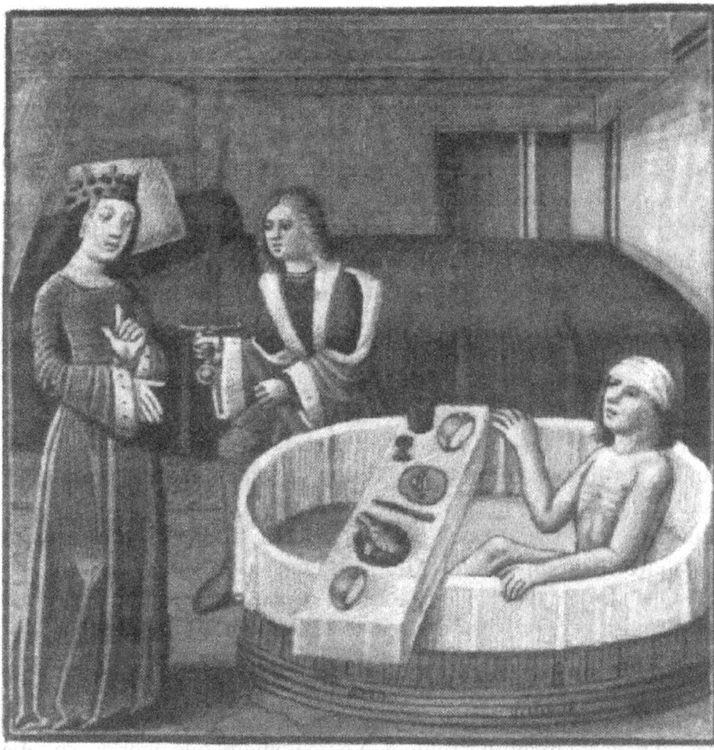

Tristão no banho. Isolda pega a espada do herói e reconhece a fenda que permite identificar o matador do Morholt.
B. N. Ms fr. 623

via tentado roubar as donzelas da Cornualha, então, em represália, quisestes vangloriar-vos de levar como serva aquela que o Morholt mais prezava.

— Não, princesa — respondeu Tristão. — Um dia duas andorinhas voaram a Tintagel, levando um fio dos vossos cabelos de ouro. Pensei que elas vinham anunciar-me paz e amor. Foi por isso que vim, através do mar, buscar-vos. Foi por isso que enfrentei o monstro com seu veneno. Podeis ver aquele cabelo costurado entre os fios de ouro do meu brial. A cor dos fios de ouro está desbotada, mas o ouro do teu cabelo continua reluzindo.

Isolda deixou de lado a espada, pegou o brial e encontrou o cabelo de ouro. Ficou pensando por algum tempo; depois beijou o hóspede nos lábios, significando paz, e vestiu-o com ricas vestes.

No dia da assembleia dos barões, Tristão, em segredo, enviou o servo de Isolda, Perinis, à sua nau, para dizer a seus companheiros que se apresentassem na corte, trajados como convinha a mensageiros de rei poderoso, e que esperava que naquele dia a aventura fosse concluída. Gorvenal e os cem cavaleiros, que havia quatro dias se afligiam julgando ter perdido Tristão, sentiram-se reviver. Eles entraram um a um reunidos no salão onde estavam inúmeros barões da Irlanda e sentaram-se em seguida na mesma fileira. As pedrarias faiscavam em seus ricos vestidos de escarlate, cendal e púrpura. Os irlandeses diziam entre si: "Quem são estes magníficos senhores?". Alguém os conhece? Vede estes mantos suntuosos, ornados de zibelina e bordados de ouro. Vede, no punho das espadas, no fecho das peliças, brilharem os rubis, os berilos, as esmeraldas e outras tantas pedras das quais nem os nomes sabemos! Alguém já viu esplendor igual? De onde vêm esses homens? Quem são eles?" Mas os cem cavaleiros ficaram calados e imóveis em seus lugares.

Quando o rei da Irlanda sentou-se no trono, o senescal Aguyguerran ofereceu-se para provar, por meio de testemunhos, e de sustentar, por duelo, que havia matado o dragão e que Isolda lhe era devida como recompensa, Isolda inclinou-se diante do pai, dizendo-lhe:

— Senhor, há um homem aqui que deseja provar que vosso senescal usou de mentira e felonia. A esse homem, que quer provar que livrou vossa terra do flagelo e que vossa filha não deve ser entregue a um covarde, prometeis perdoar-lhe agravos antigos, por maiores que sejam, e lhe conceder vossa paz e vossa misericórdia?

O rei pensou demoradamente. Mas seus barões gritaram juntos: "Concedei isso a ele, senhor!". E então o rei disse:

— Eu vos concedo.

Isolda ajoelhou-se aos pés de seu pai e disse:

— Pai, dai-me primeiro o beijo de misericórdia e de paz, significando que o dareis igualmente a esse homem.

Quando ela recebeu o beijo, foi buscar Tristão e o conduziu pela mão à assembleia. Ao vê-lo, os cem cavaleiros se levantaram de uma só vez, fazendo uma saudação com os braços em cruz sobre o peito e a seu lado se enfileiraram. Com isso, os irlandeses viram que o recém-chegado era o senhor deles. Então, alguns o reconheceram, e um grande rumor ecoou pelo recinto: "É Tristão de Loonnois, o

O rei da Irlanda dá Isolda a Tristão para que ele
a conduza ao Rei Marcos.
B. N. Ms. fr. 99, fª 72b

matador do Morholt! As espadas desembainhadas cintilaram no ar, enquanto gritos enfurecidos se ouviam: "Morte a ele!".

Entretanto, Isolda exclamou:

— Senhor, beijai este homem conforme prometestes!

O rei beijou-o nos lábios, conforme o costume, e mandou parar o clamor.

Nesse momento, Tristão mostrou a língua do dragão e fez o desafio de duelo ao senescal, o qual não se atreveu a aceitar, reconhecendo ter mentido. Depois, disse:

— Senhores, matei o Morholt, mas atravessei o mar para vos oferecer uma reparação. Para vos compensar do malfeito, pus meu corpo em perigo de morte e do monstro vos libertei, conquistando assim a loura e bela Isolda! Assim, havendo-a conquistado, levá-la-ei em minha nau. Todavia, para que nas terras da Irlanda e da Cornualha não haja mais ódio, mas amor, sabei que o Rei Marcos, meu senhor, irá desposar Isolda. E aqui tens cem cavaleiros de alta linhagem, prontos para jurar sobre as relíquias dos santos que o Rei Marcos vos envia paz e amor, que seu desejo é honrar Isolda como sua querida esposa, e que todos os homens da Cornualha a irão servir como sua rainha.

Trouxeram as relíquias dos santos em grande alegria, e os cem cavaleiros juraram que Tristão dissera palavras verdadeiras.

O rei pegou Isolda pela mão e perguntou a Tristão se ele a conduziria com lealdade a seu senhor. E Tristão jurou diante dos seus cem cavaleiros e dos barões da Irlanda.

Isolda estremeceu de vergonha e de angústia: Tristão, havendo-a conquistado, agora a desprezava. A bela história do fio de cabelo de ouro era uma mentira, e ele a cedia a outro homem. Mas o rei pôs a mão direita de Isolda sobre a mão direita de Tristão, e este a reteve, significando de que dela se apoderava, em nome do rei da Cornualha.

E assim, por amor ao Rei Marcos, por astúcia e força, Tristão cumpriu a conquista da Bela dos Cabelos de Ouro.

❖

IV

O filtro

Quando foi chegando o tempo de entregar Isolda aos cavaleiros de Cornualha, a rainha, sua mãe, colheu ervas, flores e raízes, misturou-as com vinho, fazendo uma beberagem poderosa. Finalizando-a com ciência e mágica, ela a pôs em um frasco e disse em segredo a Brangien, a companheira de Isolda:

— Deves acompanhar Isolda à terra do Rei Marcos. Sei que a amas com amor fiel; assim, pega este frasco, esconde-o a fim de que ninguém o veja nem beba do seu conteúdo. Mas, quando chegar a noite nupcial e o instante em que o casal deve ficar sozinho, servirás este vinho em uma taça, para que eles bebam juntos, o Rei Marcos e a Rainha Isolda. Mas, cuidado! Que apenas eles bebam esse licor, pois esta é a sua propriedade: os que juntos o beberem irão se amar com todos os seus sentidos e seu pensamento, para sempre, na vida e na morte.

Brangien prometeu à rainha que tudo seria cumprido conforme ela mandara.

Fendendo as vagas profundas, a nau levava Isolda. Mas, quanto mais se afastara da terra da Irlanda, mais triste Isolda ficava. Sentada sob a tenda onde se encerrara com a sua serva Brangien, chorava com saudades da pátria. Para onde a levavam estes forasteiros? Para quem? Para que destino? Quando Tristão dela se aproximava e tentava consolá-la com doces palavras, ela se irritava, e o ódio lhe invadia o coração. Ele, o raptor, o matador do Morholt, viera com

Isolda se despede de sua mãe e embarca na nave
onde Tristão a espera.
B. N. Ms. fr. 100, fª 71

Tristão e Isolda bebem a poção mágica.
B. N. fr. 112, fª 239

sua astúcia, a tirara de sua mãe e de seu país; nem mesmo a tomara para si, conduzindo-a, como prisioneira, sobre as ondas, até a terra inimiga. "Infeliz de mim", dizia ela, "maldito seja o mar que me leva! Preferiria morrer a ter de viver longe da terra em que nasci!"

Certa vez, os ventos pararam, e as velas pendiam ao longo dos mastros. Tristão mandou que parassem em uma ilha próxima. Cansados do trabalho do mar, que tanto cansa, os cavaleiros da Cornualha e os marinheiros saíram em terra. Só Isolda ficara a bordo com uma pequena serva. Tristão aproximou-se da rainha, procurando sossegar-lhe o coração. O sol estava ardente, ambos ficaram com sede e pediram de beber. A serva procurou o que lhes trazer e achou o frasco confiado a Brangien pela mãe de Isolda. "Achei vinho!", disse-lhes ela. Mas não era vinho: era a paixão, era a cruel alegria e a angústia sem fim, era a morte. A serva encheu uma taça e apresentou-a à sua senhora, a qual bebeu longos sorvos, e ofereceu depois o resto a Tristão, que a esvaziou.

Naquele momento, entrou Brangien e viu que ambos se olhavam em silêncio, alheios a tudo, em êxtase. Diante deles viu o frasco quase vazio e a taça em que haviam bebido. Brangien pegou o frasco, correu à popa e lançou-o nas ondas, lastimando-se:

— Desgraçada! Maldito seja o dia em que nasci, maldito o dia em que entrei nesta nau! Isolda e Tristão: foi vossa morte que bebestes!

De novo a nau navegava para Tintagel. A Tristão parecia que um arbusto vivo, de espinhos agudos e flores odorantes, aprofundara as suas raízes no seu coração e pelos braços fortes se enlaçava ao belo corpo de Isolda, seu corpo, todo o seu pensamento e todo o seu desejo. Ele pensava: "Andret, Denoalen, Guenelon e Gondoine: traidores que me acusaram de cobiçar a terra do Rei Marcos, eu sou mais vil ainda! Não é a sua terra que eu desejo! Tio, que me amparastes antes mesmo de reconhecer o sangue de vossa irmã Brancaflor, vós que chorastes por mim quando me leváveis para a barca sem remos nem velas, bom tio, por que desde o primeiro instante não despedistes o menino errante que veio para vos trair? Ah, que pensei eu? Isolda é vossa esposa, e eu sou vosso vassalo. Isolda é vossa mulher, e eu, vosso filho. Isolda é vossa. Não pode ser minha!".

Isolda o amava, no entanto queria odiá-lo, porque fora desprezada por ele. Sim, queria odiá-lo e não conseguia, exasperada em seu coração contra esse afeto que doía mais que o ódio.

Angustiada, Brangien os observava. Sentia-se tanto pior porque sabia que fora apenas ela que provocara aquele mal. Por dois dias ela os espiou e os viu rejeitar todo alimento, toda bebida, todo conforto e buscarem um ao outro como cegos que andam as apalpadelas. Eram desgraçados quando definhavam longe um do outro e mais desgraçados ainda quando, juntos, tremiam diante do horror da primeira confissão.

No terceiro dia, Tristão veio para a tenda levantada no convés da nau, onde Isolda estava sentada. Vendo-o aproximar-se, ela murmurou:

— Entrai, senhor.

— Rainha — disse Tristão —, por que me chamais de senhor? Não sou vosso homem de lígio, vosso vassalo, para vos respeitar, servir e amar como minha rainha e senhora?

— Não — respondeu Isolda. — Sabeis bem que é meu senhor e dono. Sabeis que vossa força me domina e que sou vossa serva. Ah, por que não avivei ainda mais as feridas do trovador ferido? Por que não deixei morrer no pântano o matador do dragão? Por que não desferi, quando ele jazia no banho, um golpe de espada? Eu não sabia, então, o que sei hoje.

— Mas o que sabeis hoje, Isolda? Que é que vos atormenta?

— Ah, atormenta-me tudo o que sei, tudo o que vejo! Este céu, este mar, meu corpo, minha vida!

E, pousando o braço sobre o ombro de Tristão, as lágrimas lhe apagaram a luz dos olhos, e os lábios lhe tremeram.

— Amiga — repetiu ele —, o que vos atormenta?

— Vosso amor — ela respondeu.

Então ele pousou os seus lábios sobre os dela.

Como ambos, pela primeira vez, gozavam uma alegria de amor, Brangien, que os espiava, deu um grito e, com a face banhada de lágrimas, lançou-se aos pés deles.

— Desafortunados! Parai! Recuai, se ainda o puderdes! Mas, não, o caminho não tem volta, a força do amor vos arrasta, e jamais tereis alegria sem dor. É o vinho que vos possui, o filtro de amor que vossa mãe, Isolda, me havia confiado. Só o Rei Marcos devia bebê-lo convosco; mas o Inimigo zombou de nós, e vós o bebestes. Amigos Tristão e Isolda, em castigo de minha culpa, eu vos entrego meu corpo, minha vida; porque, por meu crime, na taça maldita, bebestes o amor e a morte!

Abraçaram-se os amantes; nos seus belos corpos fremiam o desejo e a vida.

— Que venha a morte! — disse Tristão.

E, quando a noite caiu sobre a nau, que corria velozmente para a terra do Rei Marcos, eles se entregaram ao amor.

Ouvi e sede compassivos: não os culpeis, porque, assim como a morte, o amor também é fatal...

❖

V

Brangien

O Rei Marcos recebeu Isolda, a Loura, na praia. Desceu tão formosa da nau que nada poderia ser comparado com tanta perfeição. Tristão a levou pela mão até o rei. Este dela se apoderou, tomando, por sua vez, a mão de Isolda. Com grandes honras, levou-a para o seu castelo de Tintagel, e, quando ela surgiu na sala, em meio aos vassalos, sua beleza lançou uma claridade tão grande que as paredes se iluminaram como se tivessem sido feridas pelo sol nascente. O Rei Marcos louvou as andorinhas que lhe trouxeram o cabelo de ouro e também louvou Tristão e os cem cavaleiros que foram conquistar a alegria dos seus olhos e de seu coração. Mas, ah, a nau também vos trazia, nobre rei, a pena cruel e os grandes tormentos.

Passados 18 dias, tendo convocado os barões, o Rei Marcos recebeu por esposa a loura Isolda. Quando a noite veio, Brangien, para esconder a desonra da rainha e da morte salvá-la, tomou o lugar de Isolda no leito nupcial. Por castigo do descuido que havia cometido na viagem e por amor à sua amiga, ela lhe sacrificava a pureza do corpo; a escuridão da noite ocultou tal artimanha e vergonha.

Os narradores pretendem aqui que Brangien não havia lançado ao mar o frasco de vinho mágico e que pela manhã, depois que sua senhora entrara no leito do Rei Marcos, ela teria servido aos noivos o que restara do filtro, e dizem que Marcos bebera dele um grande gole, mas que Isolda, disfarçadamente, jogara fora a sua parte. Sabei, porém, senhores, que esses narradores deturparam a história. Eles imaginaram tal mentira porque não compreenderam o maravilhoso amor que Marcos sempre teve à rainha.

Por certo, como logo sabereis, malgrados a angústia, o tormento e as terríveis represálias, Marcos jamais pôde arrancar do coração Isolda e Tristão; mas ficai sabendo, senhores, que o Rei não bebeu o filtro do amor. Nem veneno, nem sortilégio, só a nobreza de coração lhe inspirou o amor.

Isolda era rainha e parecia viver feliz, mas vivia triste. Tinha a ternura de Marcos, honravam-na os barões, e os do povo a adoravam. Passava os dias nas suas salas, ricamente pintadas e ornadas de flores. Tinha joias, tecidos de púrpura, tapetes da Tessália; tinha o canto dos harpistas e cortinas onde estavam tecidos leopardos, águias, papagaios e todos os animais de terra e de mar. Tinha seus ardentes e belos amores, e Tristão estava junto dela, dia e noite; porque, de acordo com o costume entre os grandes senhores, ele dormia na câmara real, entre os íntimos e os fiéis. Mas Isolda temia. Por quê? Não tinha secretamente os seus amores? Quem suspeitaria de Tristão? Quem suspeitaria de um filho? Quem a via? Quem a espionava? Que testemunha? Sim, uma testemunha a espionava. Brangien; Brangien a observava; só ela sabia de sua vida e a tinha à sua mercê. E se, cansada de preparar a cada dia, como serva, o leito em que primeiro se deitou, ela os denunciasse ao rei? E se morresse Tristão, por felonia dela? Assim, pois, o medo enlouquece a rainha. Não é da fiel Brangien, é de seu próprio coração que lhe vem tal tormento. Ouvi, senhores, a grande traição que a rainha engendrou; mas, como haveis de saber, Deus teve piedade dela; sede vós também, então, compadecidos dela.

Nesse dia Tristão e o rei caçavam, e Tristão não ficou sabendo desse crime. Isolda mandou vir dois servos, prometeu-lhes liberdade e 60 besantes de ouro se cumprissem o desejo dela.

Eles aceitaram.

— Eu vos darei uma jovem. Vós a levareis a um lugar que ninguém jamais saiba do acontecido; ali a matareis, e sua língua me deveis trazer. E as palavras que ela disser, vós devereis repeti-las para mim. Na vossa volta, sereis homens livres e ricos.

Em seguida, chamou Brangien:

— Amiga, vede como meu corpo definha? Iríeis ao bosque buscar as plantas adequadas a este mal? Estes dois irão vos acompanhar; eles sabem onde as ervas de que necessito crescem. Ficai sabendo que, se vos envio à floresta, é porque disso depende meu repouso e minha vida!

Levam-na os servos. Na floresta ela quis parar porque as plantas salutares cresciam naquele lugar, porém ainda mais longe eles a levaram.

— Vinde, jovem, não é este o lugar que mais convém.

Um dos servos seguia na frente, e o outro caminhava a seu lado. Já não havia mais caminho aberto, e sim uma mistura de espinheiros e cardos. O homem que ia na frente puxou a espada e voltou sobre os passos; a infeliz virou-se para o outro, buscando proteção; mas também este tinha a espada desembainhada e assim lhe falou:

— Jovem, devemos matar-vos.

Brangien caiu sobre as ervas. Seus braços estendidos tentavam repelir as espadas. Ela lhes pedia misericórdia, chorando, com voz tão piedosa e terna que eles lhe disseram:

— Jovem, se a Rainha Isolda, vossa e nossa senhora, tanto vos odeia e vos quer morta é por que, sem dúvida, grande mágoa vos causastes.

— Não sei — respondeu ela —, só me lembro de uma coisa. Quando partimos da Irlanda, trouxemos cada uma, como a mais valiosa das prendas, uma camisola branca como a neve para a nossa noite de núpcias. Durante a viagem, ocorreu que Isolda rasgou sua camisola nupcial, e, para a noite nupcial, eu lhe emprestei a minha. Eis a única falta que cometi. Contudo, se ela quer que eu morra, dizei-lhe que lhe envio paz e amor e lhe agradeço por tudo que me fez de bem e de honra, desde que, na infância, fui roubada por piratas e vendida à sua mãe e destinada a servi-la. Que Deus, em Sua misericórdia, guarde a honra dela, seu corpo, sua vida. Agora, irmãos, podeis matar-me.

Comoveram-se os servos. Entraram em entendimento e, julgando que ela não merecia morrer por tal motivo, prenderam-na a uma árvore. Depois mataram um cachorro, cortaram-lhe a língua, guardando-a em um pano do gibão, voltaram e surgiram diante de Isolda.

— Ela falou? — perguntou com ansiedade.

— Sim, rainha. Ela disse que ficaste exasperada por uma só falta: havíeis rasgado no mar uma camisola alva como a neve que trazíeis da Irlanda, e ela a sua vos emprestara para a vossa noite de núpcias. Só esse havia sido o seu crime. Entretanto, agradecia pelos muitos benefícios recebidos desde a infância, pedindo a Deus que vos proteja a honra e a vida. Paz e amor vos enviava. Eis a língua dela, que vos trazemos.

— Assassinos! — exclamou Isolda — Trazei-me Brangien, minha querida serva, minha única amiga! Assassinos, trazei-ma de volta!

— Rainha, dizem, e com justiça, que "Mulher muda em poucas horas; ao mesmo tempo ri, chora, ama, odeia". Nós a matamos porque a nós ordenastes isso!

— Como? Por quê? Ela não era minha cara companheira, fiel, doce, bela? Vós o sabíeis, matadores: eu a havia mandado buscar ervas salutares, confiei-a a vós, para que a protegêsseis no caminho. Direi que a matastes, e sobre a fogueira sereis queimados.

— Não, rainha, ficai sabendo que ela vive, e nós a traremos ilesa.

Mas ela não acreditava neles e, como louca, amaldiçoava às vezes os servos, às vezes a si mesma. Reteve um dos servos, enquanto o outro foi velozmente em busca de Brangien, onde a haviam atado.

— Bela jovem, Deus teve misericórdia de vós. Vossa senhora vos chama!

Quando estava diante da rainha, Brangien ajoelhou-se pedindo que lhe perdoasse as faltas; mas também Isolda caiu de joelhos, e ficaram abraçadas por longo tempo, em grande entendimento e ternura.

❖

VI

O grande pinheiro

Não é da fiel Brangien que os amantes devem temer, e sim a si mesmos. Mas como seus extasiados corações poderão ficar aplacados? O amor os aguilhoa, como a sede impele o cervo para o rio, onde irá encontrar o seu fim; ou como a fome, que faz o gavião em jejum precipitar-se sobre a sua presa. Não se pode esconder o amor! Pela prudência de Brangien, ninguém os havia ainda surpreendido; mas em toda parte, a qualquer hora, os sentidos ocupados um no outro, todos não viam como o desejo os inquietava e de seus gestos transbordava, como o vinho novo se derrama das tinas?

Os quatro vilões da corte, que odiavam Tristão por causa de sua bravura, já começavam a rodear a rainha. Em breve souberam a verdade de seus amores. Ardiam de inveja, de ódio e de alegria. Levariam a notícia ao rei. Iriam ver a ternura transformar-se em furor, e Tristão seria expulso ou condenado à morte, e veriam o tormento da rainha. Temiam, porém, a ira de Tristão. Por fim, o ódio venceu o medo; um dia os quatro barões aproximaram-se do Rei Marcos e disseram:

— Bom Senhor — disse Andret —, certamente vosso coração se irritará, do que nós muito nos compadeceremos. Devemos, porém, revelar-vos o que ficamos sabendo. Destes a Tristão vosso coração, e ele quer vos desonrar. Em vão vos prevenimos; por amor de um só homem, desdenhas tua família e toda tua baronia e a todos nós abandonas. Ficai, pois, sabendo que Tristão ama a rainha, e todos já estão comentando.

O nobre rei cambaleou e respondeu:

— Infames! Que felonia imaginastes! É certo que dei meu coração a Tristão. No dia em que o Morholt vos desafiou à batalha, abaixastes a cabeça, trêmulos e mudos; mas Tristão o enfrentou, por honra desta terra, e de cada uma das feridas que recebeu poderia ter morrido. É por isso que o odiais, e por isso eu o amo, mais que a vós, Andret, mais que a todos vós, mais do que a ninguém. Que pretendeis haver descoberto? Que vistes? Que ouvistes?

— Na verdade, nada, senhor, que vossos olhos não possam ver, que vossos ouvidos não possam ouvir. Olhai, escutai, bom senhor, talvez ainda seja tempo!

Então se despediram, deixando o rei mergulhado no veneno que destilaram.

Não pôde o Rei Marcos esquecer o que lhe disseram. Por sua vez, contra seu coração, espiou o sobrinho e a rainha. Mas Brangien, notando-o, preveniu-os, e foi em vão que o rei, por artifícios, testou Isolda. Indignou-se, porém, contra isso e, compreendendo que não poderia mais afastar de si a suspeita, chamou Tristão à sua presença e lhe disse:

— Tristão, ide deste castelo; e quando o tiverdes feito, não transponhais mais os fossos e as cercas. Traidores vos acusam de grande infâmia. Não me pergunteis nada, pois eu não poderia referir àquilo sem nos infamar a ambos. Não procureis palavras que me aquietem; seria inútil. Não creio, todavia, nos traidores. Se acreditasse, eu já teria vos condenado à morte infamante. No entanto, suas pérfidas palavras me turvaram o coração, e só com vossa partida ele irá se acalmar. Vá; certamente em breve vos chamarei de volta. Parte, filho querido!

Quando souberam do ocorrido, os intrigantes se regozijaram.

— Ele partiu. O feiticeiro foi expulso como um ladrão! Qual será seu destino de agora em diante? Certamente atravessará o mar para buscar aventuras e servir deslealmente a algum rei longínquo!

Mas Tristão não conseguiu partir. Quando passou a cerca e os fossos do castelo, viu que não conseguiria ir mais longe. Parou no burgo de Tintagel, hospedou-se com Gorvenal na casa de um burguês e se abateu, atormentado pela febre, mais doente que nos dias em que o chuço de Morholt lhe envenenou o corpo. Antes, quando jazia na cabana perto do mar, todos fugiam do cheiro fétido de suas chagas, mas três homens permaneceram ao seu lado: Gorvenal, Dinas de Lidan e o Rei Marcos. Dessa vez, Gorvenal e Dinas ainda estavam à sua cabeceira, mas o rei estava ausente, e Tristão gemia:

— Certamente, meu bom tio, meu corpo agora espalha cheiro de um veneno mais repugnante, e o vosso amor não pode vencer o vosso horror.

No ardor da febre, porém, o desejo o arrastava, como a um corcel sem freio, para as torres fechadas que prendiam a rainha. Cavalo e cavaleiro arrebentavam-se contra os muros de pedra, mas retomavam indefinidamente, à mesma cavalgada.

Atrás das torres bem fechadas, Isolda também definhava, mais infeliz ainda, porque entre esses estranhos que a espionavam precisava fingir alegria o dia inteiro, e, à noite, deitada ao lado do Rei Marcos, precisava vencer imóvel a agitação dos membros e os tremores da febre. Ela queria ir para onde estava Tristão. Tinha a impressão de que se levantava e corria até a porta; mas sobre a entrada sombria os intrigantes haviam estendido foices e lâminas afiadas, e ao passar essas lâminas cortavam seus joelhos. Então, parecia-lhe que caía, e de seus joelhos jorravam duas fontes de sangue. Se ninguém os socorresse, logo os amantes sucumbiriam à morte. E quem os haveria de socorrer senão Brangien? Arriscando-se, ela foi até a casa em que Tristão estava. Feliz, Gorvenal abriu-lhe a porta. E para salvar os amantes, ela ensinou um ardil a Tristão.

Nunca, senhores, ouvistes falar de mais belo ardil de amor. Atrás do castelo estendia-se um pomar vasto e cercado por forte cerca. Inúmeras e belas árvores cresciam por ali, carregadas de frutos perfumados, onde também havia muitos pássaros. No ponto mais afastado, erguia-se um alto pinheiro. A seus pés, havia uma fonte viva, de onde a água corria sobre uma escadaria branca de pedra, como lençol claro e tranquilo; depois, entre duas paredes, como um canal, ela percorria todo o pomar e penetrava no castelo, atravessando os aposentos das damas. E, então, todas as noites, Tristão, avisado por Brangien, cortava com arte pedaços de casca das árvores e folhagem. Pulava as estacas pontudas e, chegando sob o pinheiro, lançava à fonte as cascas de árvore e os galhos, os quais, leves como espuma, boiavam e, deslizando com a corrente, iam até o castelo, até o aposento das damas. Isolda observava a vinda desses mensageiros, e quando Brangien conseguia afastar o Rei Marcos e os intrigantes, ela ia logo ao encontro do seu amigo.

Vinha ágil, mas temerosa, observando se os intrigantes não estavam escondidos pelo caminho, atrás das árvores. Mas, quando os olhos de Tristão a viam, os amantes se lançavam um para os braços do outro. A noite e a discreta sombra do pinheiro os protegiam.

— Tristão — dizia a rainha —, a gente do mar não diz que este castelo de Tintagel é encantado e que, por sortilégio, duas vezes por ano, no inverno e no verão, ele se perde e desaparece da vista? Ele agora está perdido. Aqui não é o pomar encantado de que falam as canções de harpa? Uma muralha de ar o encerra por todos os lados; as árvores são floridas, e o solo, perfumado; o herói não vive aqui sem envelhecer, nos braços de sua amiga? Que força inimiga pode vencer essas muralhas de ar?

Sobre as torres de Tintagel, as cornetas dos sentinelas anunciavam o amanhecer.

— Não — disse Tristão —, a muralha de ar já está rompida, e não é aqui o pomar maravilhoso. Mas, um dia, amiga, iremos juntos à terra afortunada, de onde ninguém volta. Lá existe um castelo de mármore branco; em cada uma de suas mil janelas brilha um círio aceso; em cada uma delas toca um trovador, cantando uma melodia sem fim; o sol ali brilha, entretanto ninguém sente falta da sua luz. Lá é a Terra Feliz dos Vivos!

Mas, no alto das torres de Tintagel, a aurora ilumina os grandes blocos alternados, à maneira de tabuleiro de xadrez, de sinople verde e de lápis-lazúli.

Isolda readquirira alegria. A suspeita de Marcos se dissipara. Os intrigantes, ao contrário, compreenderam que Tristão voltou a ver a rainha. Mas Brangien, alerta, montava tão bem a guarda que em vão eles espiavam. Enfim, o Duque Andret, que Deus o castigue, disse a seus companheiros:

— Senhores, vamos nos aconselhar com Frocin, o anão corcunda. Ele conhece as sete artes, a magia e todos os encantamentos. Sabe, quando nasce uma criança, observar tão bem os sete planetas e o curso das estrelas que pode contar antecipadamente os pontos de sua vida. Descobre, pelo poder de Bugibus e Noirão, as coisas secretas. Ele nos dirá quais são as artimanhas da Rainha Isolda.

Por ódio à beleza e à bravura, o cruel Frocin traçou os signos da feitiçaria, lançou os passes e as sortes, considerou o curso de Órion e de Lúcifer e disse:

— Ficai contentes, bons senhores, esta noite os podereis prender.

E eles levaram Frocin diante do rei.

— Senhor — disse o mágico —, ordenai a vossos caçadores que ponham trela nos cães de caça e sela nos cavalos. Anunciai que ireis passar sete dias e sete noites na floresta para uma caçada, e podereis me suspender em uma forca se nesta mesma noite não ouvirdes as palavras que Tristão dirige à rainha.

Cofre de marfim do século XIV: (*esquerda*) Tristão e Isolda sob o pinheiro onde o Rei Marcos os espia; (*direita*) cena de caça ao cervo. Metropolitan Museum.

Assim fez o rei, bem contra a sua vontade. Quando a noite caiu, deixou os caçadores no bosque e voltou a Tintagel com o anão na garupa. Por um caminho que ele conhecia, penetrou no pomar. O anão o conduziu ao grande pinheiro.

— Bom senhor, convém que subais no alto do pinheiro. Levai convosco arco e flecha. Talvez lhe sejam de valia. Ficai quieto; não esperareis muito tempo.

— Vai-te, cão do Inimigo! — respondeu Marcos.

E o anão foi embora, levando o cavalo. Ele dissera a verdade; o rei não esperou muito tempo. Nessa noite, clara e linda, a lua brilhava. Oculto pelos ramos, o Rei Marcos viu seu sobrinho saltar por sobre as pontas das estacas. Tristão veio até sob a árvore e lançou na água as cascas e os ramos cortados. Mas, como se inclinava sobre a fonte, para fazer isso, viu, refletida na água, a imagem do rei.

Ah, se ele pudesse parar as cascas e os galhos que deslizavam! Mas eles corriam rapidamente pelo pomar. Lá, nos aposentos das damas, Isolda espiava-lhes a chegada. Ela os viu e correu. Que Deus proteja os amantes! Ela veio. Imóvel, Tristão a olhou e ouviu, na

Cofre de marfim do século XIV.
Rei Marcos observa os amantes em cima do pinheiro.

árvore, o ruído da flecha que se fixava à corda do arco. Isolda veio ágil e prudente, como era seu costume. "Mas que há?", pensava ela. "Por que Tristão não vem hoje a meu encontro? Teria visto algum inimigo?" Parou e com o olhar vasculhou o mato junto a ela; subitamente, à claridade da lua, percebeu também na fonte a sombra do rei. Revelou esperteza de mulher ao não levantar os olhos para o cimo da árvore. "Senhor Deus!", disse consigo, "permiti apenas que eu consiga falar primeiro!" Aproximou-se mais ainda. Ouvi como ela antecedeu e preveniu seu amigo:

— Senhor Tristão, que ousadia é esta? Atrair-me para tal lugar, em tal hora! Muitas vezes já o haveis pedido, para me suplicar, dizeis. Qual é vossa súplica? Que esperais de mim? Vim, afinal, porque, como rainha, eu vos devo. Eis-me, pois. Que quereis de mim?

— Rainha, apenas quero vos pedir que acalmeis o rei — ela tremeu, mas Tristão louvou a Deus que mostrou o perigo à sua amiga. — Sim, rainha, eu vos mandei chamar muitas vezes, mas em vão; jamais, desde que o rei me expulsou, vos dignastes a ouvir meu apelo. Mas tende piedade do infeliz que aqui vedes: o rei me odeia, ignoro a razão. Vós o sabeis, talvez. Quem poderia aplacar a ira dele senão vós? Oh, leal e amável Rainha Isolda, é em vós que o coração dele confia!

— Senhor Tristão, ignorais ainda que ele suspeita de que o traímos? Será necessário que eu tenha de explicar isso ao senhor, malgrado a minha vergonha? Meu senhor crê que eu vos amo com amor culposo. Deus sabe, entretanto, e, se eu minto, que me castigue o corpo!, que jamais dei meu amor a nenhum outro homem além daquele que primeiro me possuiu entre seus braços. E vós quereis, Tristão, que eu implore ao rei o vosso perdão? Mas, se ele soubesse somente que aqui vim, debaixo deste pinheiro, amanhã faria lançar minhas cinzas aos ventos.

Tristão continuou:

— Dizem que só é vilão quem praticou alguma vilania: mas como pode nascer essa suspeita em seu coração?

— Não, Senhor Tristão, meu senhor não imaginou sozinho essa infâmia. Foram os intrigantes desta terra que o fizeram acreditar nessa mentira. É fácil iludir os corações leais. Disseram-lhe: "Eles se amam", e os traidores fizeram que nos considerasse infiéis. Mas vós me amais, Tristão, por que negar? Não sou a mulher de vosso tio e por duas vezes não vos salvei da morte? Não sois da linhagem do rei? Quantas vezes não ouvi minha mãe repetir que uma mulher só ama seu senhor quando ama todos os seus parentes. Era pelo amor do rei que eu vos amava, Senhor Tristão. E mesmo agora, se ele vos agraciasse, eu seria feliz por isso. Mas estou com medo; já vou embora, pois já passei muito tempo aqui.

O rei, sobre os galhos, teve piedade e sorriu docemente. Isolda foi se afastando. Tristão ainda lhe disse:

— Rainha, por Deus, ajude-me, por misericórdia! Os covardes querem afastar do rei todos os que o amam. Já o conseguiram e agora zombam dele. Assim seja: irei embora desta terra, bem longe, infeliz como quando cheguei aqui. Mas ao menos gostaria que o rei me recompensasse pelos meus serviços passados, para que eu possa cavalgar de cabeça erguida para longe daqui, tendo com que pagar meu sustento e pagar o resgate de meu cavalo e minhas armas.

— Não, Tristão, não me deveríeis fazer tal pedido. Estou sozinha nesta terra estrangeira, onde ninguém me ama e vivo sem apoio, dependendo da misericórdia do rei. Se eu lhe disser uma só palavra por vós, não vedes que me arrisco à morte infamante? Amigo, que Deus vos proteja! O rei vos odeia injustamente. Mas, em qualquer terra a que fordes, o Senhor Deus vos será amigo verdadeiro.

Ela partiu. Quando chegou a seus aposentos, Brangien a pegou, trêmula, entre os braços. A rainha lhe contou o sucedido. Brangien exclamou:

— Rainha Isolda, minha senhora, Deus fez grande milagre! Ele é pai piedoso e não quer o mal daqueles que sabe que são inocentes.

Tristão, sob o grande pinheiro, lamentava-se:

— Que Deus se compadeça de mim e repare a injustiça que venho sofrendo do meu estimado senhor!

Quando ele passou para o pomar, o rei surgiu e lhe disse, sorrindo:

— Meu sobrinho, que esta hora seja abençoada. A cavalgada que pretendíeis hoje já está terminada!

Adiante deles, em uma clareira da floresta, Frocin considerava o curso das estrelas. Ele leu que o rei o ameaçava de morte. Ficou tomado pelo medo e cheio de raiva fugiu correndo para a terra de Gales.

Se a traição é castigo divino, também o Senhor Deus aborrece os traidores.

❖

VII

O anão Frocin

O rei Marcos recebeu Tristão de volta. Como antes, Tristão dormia na câmara do rei, entre os íntimos. Podia entrar e sair quando quisesse. O rei acabara com as suspeitas.

Mas ninguém consegue esconder seus amores por muito tempo. O Rei Marcos havia perdoado os traidores. Certo dia o senescal Dinas de Lidan encontrou em uma floresta distante o anão Frocin e o levou à presença do rei, o qual compadeceu-se dele e o perdoou pelas maldades passadas.

Sua bondade, no entanto, apenas excitou o ódio dos barões. Surpreendendo Tristão e Isolda juntos, fizeram um juramento entre eles: se o rei não expulsasse o sobrinho, eles iriam se retirar para suas respectivas fortalezas, para o guerrear. Chamaram o rei ao Parlamento e disseram:

— Senhor, amai-nos ou odiai-nos, conforme queira, mas nós queremos que expulseis Tristão. Ele ama a rainha, e só o não vê quem não quer ver, porém nós não o suportaremos mais.

O rei os ouviu, suspirou, abaixou a cabeça e permaneceu calado.

— Senhor, nós não o suportaremos mais, porque sabemos que esta notícia, outrora espantosa, agora já não vos surpreende e no crime deles consentis. Que fareis? Determinai, aconselhai-vos. Quanto a nós, se não afastais vosso sobrinho, iremos nos retirar e levaremos conosco nossos vizinhos. Essa é a escolha que vos apresentamos: decidi!

— Senhores, uma vez acreditei nas nefastas acusações que fazíeis sobre Tristão e disso me arrependi. Mas sois meus vassalos, e não quero perder o serviço de meus homens. Aconselhai-me, eu vos peço, pois me deveis conselho. Bem sabeis que fujo de todo orgulho e toda injustiça.

— Pois então, senhor, chamai aqui o anão Frocin. Dele desconfiais pelo caso do pomar. Entretanto, ele não viu nas estrelas que a rainha iria aquela noite até o pinheiro? Ele sabe muita coisa; tomai seu aviso.

O maldito corcunda foi chamado, e Denoalen o abraçou. Vede que traição ele ensinou ao rei.

— Senhor, ordenai a vosso sobrinho que amanhã, ao romper do sol, vá a galope para Carduel, a fim de levar ao Rei Arthur um pergaminho lacrado. Senhor, Tristão dorme perto de vosso leito. Saí de vosso quarto à hora do primeiro sono, e eu juro por Deus e pela lei de Roma que ele, amando a rainha com louco amor, irá querer se despedir dela. Mas, se ele for sem se despedir e sem que vós o vejais, então, matai-me. Guardai-vos, porém, de falar nessa mensagem a Tristão antes da hora de deitar.

— Sim — disse o rei —, que assim seja.

O anão fez então uma horrível felonia. Foi a um padeiro e comprou flor de farinha, escondendo-a em sua veste. Quem suspeitaria de tal traição? Quando veio a noite, depois que o rei fez sua ceia, e seus homens adormeceram na grande sala vizinha de seus aposentos, Tristão veio, como era seu costume, ver o rei se deitar.

— Bom sobrinho, fazei minha vontade. Ide a Carduel e entregai esta mensagem ao Rei Arthur. Apresentai-lhe meus cumprimentos e fica apenas um dia com ele.

— Assim o farei, meu senhor.

— Parti antes que o dia amanheça.

Tristão ficou muito aflito. Seu leito ficava muito perto do leito do Rei Marcos. Tinha um desejo louco de falar com a rainha e resolveu fazê-lo pela madrugada, quando o rei estivesse dormindo.

O anão dormia geralmente no quarto do rei. Quando achou que todos dormiam, levantou-se e espalhou a farinha entre o leito de Tristão e o de Isolda. Se um dos amantes fosse procurar o outro, a farinha ficaria marcada com a forma de seus pés. Mas Tristão, que estava acordado, acompanhou essa movimentação e pensou "Que quer dizer isso? Esse anão não costuma fazer nada de bom. Louco seria aquele que deixasse o rastro de seus pés na farinha".

À meia-noite, o rei levantou-se e saiu, seguido do anão. Estava escuro no aposento, não havia nem uma vela acesa. Tristão levantou-

-se em seu leito, juntou os pés, calculou a distância, pulou e caiu no leito do rei. Ocorre que no dia anterior, na floresta, um javali enorme fizera uma ferida em sua perna, e com a força do pulo a ferida se abrira de novo e começou a sangrar, mas Tristão não notou que o sangue correu e manchou o lençol. Lá fora, ao luar, o anão, por arte de sortilégio, vê que os amantes estão juntos. Jubiloso, diz ao rei:

— Ide agora; se eles não estiverem juntos, enforcai-me!

E foram para os aposentos do rei com os quatro barões. Tristão os ouviu, levantou-se e pulou para o seu leito, mas por infelicidade o sangue caíra na farinha.

Chegaram o rei, os barões e o anão, que trazia uma vela. Tristão e Isolda fingiam dormir; eles ficaram sozinhos no aposento, com Perinis, que dormia aos pés de Tristão e não se movia. Mas o rei viu sobre o leito a mancha de sangue e, no chão, a farinha molhada de sangue.

Então os quatro barões, que odiavam Tristão por sua bravura, o prenderam no leito, ameaçaram a rainha, rindo, zombando e prometendo boa justiça. Descobriram a ferida que sangrava em Tristão.

— Tristão — disse o Rei Marcos —, nenhum desmentido iria adiantar mais. Amanhã irás morrer.

Tristão exclamou:

— Peço misericórdia, senhor! Em nome de Deus, tende compaixão de nós!

— Vingai-vos, senhor — disseram os quatro barões.

— Bom tio, não é por mim que vos imploro. Que me importa morrer? Certamente, se não fosse o medo de vos encolerizar, eu não deixaria que esses biltres tocassem o meu corpo. Mas, por respeito a vós, entrego-me à vossa misericórdia. Fazei de mim o que quiserdes, mas tende piedade da Rainha Isolda. — E Tristão se prostrou aos pés do rei. — Tende compaixão da rainha, porque, se existe um homem em vossa casa ousado o suficiente para sustentar uma mentira, esta de que eu a amei de amor culposo, então ele me encontrará diante dele, em campo fechado. Contudo, senhor, tende piedade para com ela, em nome de Deus!

Enquanto isso, os barões amarravam-no e a rainha, com cordas. Se ele soubesse que não seria admitido para provar sua inocência em duelo, teriam de desmembrá-lo vivo antes que aceitasse ser amarrado servilmente.

Mas ele acreditava na providência divina. Sabia que ninguém se atreveria a brandir a espada contra ele em campo fechado. Quando ele jurava que jamais havia amado a rainha com amor culposo, os biltres davam gargalhadas. Mas eu vos lembro, senhores, vós, que sabeis a verdade do filtro bebido na nau e que o compreendeis, dizia ele mentira? Não é a ação que prova o crime, e sim a intenção. Os homens veem o feito, mas Deus vê os sentimentos e, por isso, só Ele é o verdadeiro juiz. Ele, pois, instituiu que todo homem acusado teria o direito de sustentar em duelo e ele mesmo combater ao lado do inocente. Eis por que Tristão reclamava justiça e combate e se guardou de desrespeitar o Rei Marcos. Ah, se ele tivesse previsto o que sucederia! Teria matado os traidores. Ah, Deus, por que não os matou?

❖

VIII

O salto da capela

Enquanto isso, no escuro da noite, a notícia corria pela cidade. Dizia-se que Tristão e a rainha foram presos e que o rei os queria matar. Ricos burgueses e gente do povo choravam. "Ah, Tristão, o ousado, o corajoso, morrereis de tão feia traição? E vós, leal e honrada rainha, em que outro país nascerá outra princesa tão bela e querida? Foi o anão corcunda o responsável por essa bruxaria? Que aquele que vos enfie a lança no corpo nunca veja a face de Deus. Tristão, bom e querido amigo, quando o Morholt veio tirar nossos filhos, nenhum dos barões se apresentou para enfrentá-lo. Apenas vós lutastes com ele, por todos nós, e matastes o Morholt. Ele vos feriu terrivelmente, e quase morrestes por nós. Deveríamos consentir com vossa morte tendo tudo isso acontecido?

As lamentações e os clamores chegaram até o palácio. Porém, a ira do rei era tão grande que não houve quem se atrevesse a tentar acalmá-lo.

O dia vinha chegando, a noite fugia. Antes que o sol nascesse, o Rei Marcos foi a cavalo para fora da cidade, no lugar em que tinha o costume de dar audiências e fazer julgamentos. Mandou que fosse cavada uma fossa na terra e nela se juntassem raízes, pontas, espinhos.

Ao amanhecer, mandou convocar por todo o país os homens da Cornualha. Reuniram-se eles em grande alvoroço. Todos estavam em prantos, menos o anão. O rei disse:

— Senhores, preparei esta fogueira de espinhos para Tristão e a rainha porque agiram contra os costumes.

Mas todos exclamaram:

— Primeiro o julgamento, senhor: as razões e a defesa! Matá-los sem julgamento é uma vergonha e um crime! Tempo e misericórdia, para eles, Rei Marcos!

Marcos, furioso, respondeu:

— Não lhe darei nem tempo, nem misericórdia, nem defesa, nem julgamento! Por Deus que criou o mundo, se alguém se atrever a pedir tal coisa, será queimado nessa fogueira!

Mandou que o fogo fosse acendido e que fossem buscar Tristão. Todos esperavam calados. Os servos foram até o quarto onde Tristão e Isolda estavam sob guarda. Foi vilania os prenderem assim. Isolda chorou a afronta, mas do que lhe valiam as lágrimas? Arrastaram Tristão, com opróbrio. A rainha exclamou, louca de angústia e amor:

— Morrer para que fôsseis salvo seria para mim a maior felicidade!

Os guardas, levando Tristão, desceram para fora da cidade, para a fogueira. Atrás deles, um cavaleiro aproxima-se, salta do cavalo ainda em movimento. Era Dinas, o bom senescal. Ouvindo os rumores do ocorrido, partira do seu castelo de Lidan e se apressara para lá. Sangue e suor escorriam de seu cavalo.

— Tristão, vou o mais rápido possível para a audiência. Que Deus permita que eu consiga defender-vos — e depois disse aos servos: — Quero que o leveis sem estas cordas — e cortou as cordas infamantes. — Se ele tentar fugir, não tendes as espadas?

Depois beijou Tristão nos lábios, segundo o costume e partiu velozmente com seu cavalo.

Ora, ouvi como Deus é misericordioso. Ele não quis a morte do pecador, acolhendo de bom grado o clamor e as lágrimas dos que lhe suplicavam por Tristão e Isolda. No caminho por onde Tristão passava, em cima de um rochedo alto e de escarpas agudas, havia uma capela voltada para o vento glacial. Na abside, sobre o precipício, havia um vitral, obra esplêndida de um santo. Então, Tristão disse aos que o levavam:

— Senhores, permiti que eu entre naquela capela. Estou perto de morrer. Quero pedir a Deus que se apiede da minha alma, eu, que tanto o ofendi. Sabeis que esta capela só tem uma saída. Assim, sabeis que só posso voltar por esta porta, depois que tiver orado, onde estareis me esperando com vossas espadas.

Os guardas deixaram-no entrar. Ele correu pela capela, foi até a janela da abside, abriu-a e se atirou da janela. Preferia essa morte à morte pelo fogo, diante da assembleia.

Entretanto, Deus lhe concedeu uma graça. O vento prendeu-se em suas vestes, levantou-o e depositou-o sobre uma grande pedra sob o rochedo. O povo da Cornualha até hoje chama essa pedra de "O Salto de Tristão".

Os guardas ainda estavam esperando por ele na frente da igreja. Mas Deus havia vindo em sua ajuda, e ele fugiu.

Gorvenal havia fugido da cidade, caso contrário, o Rei Marcos o teria mandado jogar na fogueira em lugar de seu amo. Ele se encontrou com Tristão na mata. Tristão disse:

— Mestre! Deus se compadeceu de mim! Mas, ah, desgraça, para quê? Se não tenho Isolda, de que me vale tudo? Por que não morri na queda? Escapei, mas vão matar Isolda! Irão queimá-la por mim, mas por ela morrerei também.

Gorvenal respondeu-lhe:

— Bom senhor, tomai alento; não deis ouvido ao desespero. Escondamo-nos nesta moita. Por aqui passa muita gente, e ela nos informará tudo. Se eles queimarem Isolda, juro por Deus que não vou mais dormir sob um teto antes de vingá-la.

— Bom mestre, não tenho mais minha espada.

— Eu a trouxe. Aqui a tende.

— Mestre, não tenho mais a quem temer. Só a Deus.

— Tenho ainda debaixo de minhas vestes uma coisa que vos alegrará: esta loriga, que vos poderá servir.

— Obrigado, bom mestre. Por Deus em quem acredito que vou agora libertar minha amiga.

Gorvenal disse:

— Não vos apresseis. Certamente Deus vos reserva uma vingança mais certa. Não podeis chegar perto da fogueira. Os burgueses estão lá e temem o rei. Não escaparíeis. Dizem que loucura não é façanha. Esperai.

Ocorre que, quando Tristão se atirou no penhasco, um humilde homem do povo o viu levantar-se e fugir. Esse homem correu para Tintagel e conseguiu ir ter com Isolda. Disse a ela:

— Rainha, não choreis mais. Vosso amigo fugiu!

Ela exclamou:

— Deus seja louvado! Agora não me importa mais o que farão comigo.

Ora, os traidores haviam amarrado tão fortemente os pulsos de Isolda que o sangue escorria. Mas, sorrindo, ela disse:

— Se eu chorasse por esse sofrimento agora que Deus salvou Tristão das mãos daqueles biltres, então não valeria nada.

Ao saber que Tristão fugira, o Rei Marcos foi tomado pela ira e ordenou a seus homens que lhe trouxessem Isolda. Ela foi levada arrastada até o rei, acompanhada do clamor do povo: "Oh, Deus, compadecei-vos da nossa leal e honrada rainha! Malditos sejam os traidores!".

E ela foi arrastada até a fogueira, que ardia. Nesse momento, Dinas de Lidan prostrou-se aos pés do rei.

— Senhor, eu vos servi durante muito tempo com total lealdade. Peço-vos que, como recompensa, perdoai a rainha. Quereis jogá-la à fogueira sem julgamento, mas isso é pecado, visto que ela não reconhece o crime de que a acusais. Refleti. Tristão fugiu. Se a rainha for queimada, não haverá mais segurança na terra. Ele conhece bem a terra daqui e é corajoso. A seu tio ele não atacará, mas aos barões ele matará todos que puder.

Ouvindo isso, os quatro biltres empalideceram de terror, imaginando Tristão de tocaia, a espreitá-los.

— Meu senhor, se é verdade que o bem servi, entregai-me Isolda. Eu responderei por ela, serei seu fiador.

O rei apenas pegou as mãos de Dinas e jurou pelo nome de Deus que faria justiça imediatamente.

Dinas, então, levantou-se e disse ao rei:

— Renuncio ao vosso serviço e volto a Lidan.

Isolda sorriu com tristeza, enquanto Dinas partiu com seu cavalo, abatido e penalizado.

Isolda estava em pé diante da fogueira. O povo clamava e amaldiçoava o rei e os traidores. As lágrimas deslizavam em sua face. Ela estava vestida com um brial justo cinzento por onde corria um fino fio de ouro. Tinha também um fio de ouro trançando-lhe os cabelos. Quem a visse assim tão bela sem se comover, este teria o coração empedernido. Oh, Deus, como seus braços estavam apertados naquelas cordas!

Ora, ocorre que foram atraídos para lá pelo som das matracas cem leprosos deformados, em suas muletas, com as carnes esbranquiçadas e roídas. E ficaram em torno da fogueira, acotovelando-se para gozar do espetáculo. Yvain, o mais deformado deles, gritou para o rei, com voz estridente:

A pedra de Tristão e Isolda. Fowey, Cornualha.

— Meu senhor, nesta fogueira a morte será rápida demais. Isolda logo será devorada pelo fogo, e, quando as labaredas se extinguirem, tudo estará consumado. Tenho uma sugestão a vos fazer, um castigo pior, de modo que ela viva na vergonha e sempre desejando a morte.

O rei retrucou:

— É o que eu mais desejo: um castigo pior do que a morte. Aquele que me ensinar um castigo assim terá todo meu afeto.

— Dir-vos-ei sem demora. Tenho ali cem companheiros. Dai-nos Isolda para ser de todos nós. O mal atiça nossos desejos. Dai Isolda aos leprosos, e nunca mulher alguma terá fim pior. Grossos trapos grudam-se a nossas chagas, e ela, que perto de ti se comprazia nos ricos estofados, nas joias, nas salas de mármore; ela que se deleitava com bons vinhos, com as alegrias, com honras, quando vir a corte dos teus leprosos, quando entrar nos nossos casebres baixos, quando se deitar conosco, então a bela Isolda conhecerá todo o seu pecado e terá saudade desta bela fogueira.

O rei meditou por algum tempo; depois, foi até a rainha e tomou-lhe a mão, entregando-a ao leproso.

Isolda bradou:

— Tende compaixão, senhor! Jogue-me à fogueira. Prefiro morrer na fogueira.

Mas o rei não mudou de ideia. Yvain a agarrou, e os outros cem leprosos foram aproximando-se dela. Ao ouvir os guinchos que davam, todos sentiram o coração se desfazer de compaixão. Mas Yvain estava feliz. Foi saindo levando Isolda em um horrendo cortejo.

Eles foram pelo caminho no qual Tristão estava escondido. Gorvenal deu um grito e disse:

— Filho, que fareis? Eis vossa amiga!

Tristão saiu com o cavalo para fora do mato e dirigiu-se a Yvain:

— Já impuseste tua asquerosa presença a ela por demasiado tempo; deixa-a, se queres ainda viver.

Mas Yvain o enfrentou, lançando fora a capa e dizendo:

— Avante, companheiros! Empunhai vossas muletas! O momento de mostrar coragem chegou.

Então, os leprosos lançaram fora a capa, levantaram-se sobre seus pés doentes, bradaram, agitaram a muleta, guincharam e latiram. Mas repugnava a Tristão feri-lo. Dizem os narradores que Tristão o matou, mas ele era bravo demais para ofender aquela corja. Foi Gorvenal que bateu com um pedaço de madeira na cabeça de Yvain. Então jorrou um sangue preto do ferimento que escorreu até seus pés disformes. Os outros fugiram.

Tristão tomou a mão da rainha. Daquele momento em diante ela não sentiu mais nenhum mal. Cortou-lhe as amarras dos punhos e, deixando a planície, entraram na floresta do Morois. Lá, no grande bosque, estavam a salvo, seguros, como se estivessem atrás da muralha do mais fortificado castelo.

Quando o sol declinou, pararam no sopé de um monte; o medo cansara a rainha; ela repousou a cabeça no peito de Tristão e adormeceu.

Pela manhã, Gorvenal roubara de um lenhador seu arco e duas flechas, empenadas e farpadas, com os quais, sendo bom arqueiro, Tristão caçou um cabrito montês.

Gorvenal fez uma fogueira com galhos secos para cozinhar o cabrito. Tristão cortou ramos e folhagens e construiu uma cabana. Isolda a atapetou de capim espesso e macio.

Começou, então, uma vida dura, porém amorosa, para os fugitivos.

IX
A floresta de Morois

No interior da floresta selvagem, como animais acuados, eles vagavam e muito raramente voltavam onde haviam passado a noite anterior. Comiam os animais que caçavam e sentiam falta do sal. O magro rosto deles ficava cada vez mais macilento, suas roupas tornaram-se trapos, rasgadas pelos espinhos. Mas, como se amavam, não sofriam.

Um dia, percorrendo matas ainda mais selvagens, chegaram ao eremitério do Irmão Ogrin.

Ao sol, entre olmeiros esparsos, junto da capela, o santo homem, apoiado em sua muleta, dava passos miúdos.

— Senhor Tristão — dizia ele —, o rei mandou proclamar por todas as paróquias, e os homens da Cornualha fizeram um juramento de vos entregar vivo ou morto. Quem vos prender terá cem marcos de ouro como recompensa; todos os barões juraram vos entregar morto ou vivo. Arrependei-vos, irmão! Deus perdoa a quem se arrepende.

— Arrepender-me, Senhor Ogrin? De quê? Vós, que nos julgais, sabeis que filtro bebemos no mar? Sim, o licor nos embriaga ainda, e eu prefiro sair mendigando pelos caminhos, alimentando-me de ervas e raízes, mas com Isolda, do que viver sem ela, sendo rei no melhor dos reinos.

— Senhor Tristão, Deus vos ajude, porque perdestes este mundo e também o outro. O traidor de seu senhor deve ser esquartejado por dois cavalos, queimado na fogueira, e no lugar onde caírem suas cinzas erva nenhuma crescerá. E devo devolver a rainha ao seu marido, segundo a lei de Roma.

— Mas ela não pertence mais a ele. Ele a deu aos leprosos; foi deles que eu a conquistei. Agora ela é minha. Não me posso separar dela, nem ela de mim.

Ogrin estava sentado; a seus pés, Isolda chorava, com a cabeça apoiada nos joelhos do religioso. Este repetia as palavras do Livro, mas isso de nada lhe valia, porque ela, chorando, abanava a cabeça e recusava-se a crer.

— Infelizes de nós! — exclamou Ogrin. — Que alento se pode dar a quem já está morto? Arrependei-vos, Tristão: quem vive no pecado, sem arrependimento, é um morto.

— Não! Estou vivo e não me arrependo. Vamos voltar para a floresta onde encontraremos abrigo. Vinde Isolda, minha amiga!

Ela se levantou, e foram de mãos dadas. Penetraram pelas ervas e arbustos altos, e as árvores fecharam suas copas sobre eles.

Ouvi agora, senhores, uma bela passagem. Tristão havia criado um belo cão de caça, veloz na corrida. Ninguém, nem conde, nem rei, possuía um que lhe fosse comparável para a caça de arco. O nome dele era Husdent. Fora necessário prendê-lo no torreão, entravado por um cepo, preso ao pescoço. Esse animal, desde que deixara de ver o dono, recusara qualquer alimento. Chorava, cavava a terra com as patas, uivava. Não havia quem não se compadecesse dele.

Eles diziam: "Husdent, nenhum animal soube amar como tu. Salomão disse, em sua sabedoria, 'Meu verdadeiro amigo é o meu galgo'".

E o Rei Marcos, lembrando-se dos dias passados, pensava com o coração: "Que sentimento mostra este cão chorando assim por seu dono. Haverá alguém em toda a Cornualha que valha Tristão?".

Os três barões foram até a presença do rei e disseram:

— Senhor, soltai o cão. Vamos ver se sua aflição é por causa do dono; se não for, ele passará logo a perseguir animais ou gente.

Ele foi solto. Pulou e correu ao quarto de Tristão. Procurou, gemeu, farejou os traços de seu senhor. Passou pelo trajeto que fez Tristão até a fogueira. Ganiu, pulou na falésia. Entrou na capela, pulou para o altar. Atirou-se pela janela e caiu no pé do rochedo. Na praia pegou a pista novamente. Parou um momento no bosque em que Tristão ficara de emboscada e depois correu para a floresta. Todos ficaram com pena dele. Os cavaleiros disseram:

— Bom rei, vamos deixar de perseguir o cão. Ele nos levaria a um lugar de que a volta seria penosa.

Assim o fizeram. Sob a mata, o cão latiu, e sua voz ressoou. Tristão, Isolda e Gorvenal ouviram-no, ao longe.

— É Husdent; com toda certeza o rei vai atrás dele, como uma caçada com cães.

Ficaram com medo e embrenharam-se pela floresta. Tristão empunhou seu arco. Todavia, Husdent surgiu e o reconheceu, pulando em sua direção, abanando o rabo, louco de alegria. Depois, correu até Isolda e Gorvenal, fazendo-lhes festas.

— Que pena! — disse Tristão. — Foi uma desgraça nos encontrar, pois um cão não sabe ficar quieto. Acabará por nos trair com seus latidos. Veio me procurar por amor e nobreza de sentimentos, no entanto devo matá-lo para nos preservar. Aconselhai-me: que devo fazer?

Isolda afagou o pelo de Husdent e disse:

— Tristão, poupai-o. Ouvi falar de um caçador galês que acostumou seu cão a seguir, sem latir, os rastros de cervos feridos. Que felicidade se pudéssemos treinar Husdent dessa forma.

Tristão refletiu por algum tempo, enquanto Husdent lambia as mãos de Isolda. Teve pena e disse:

— Está bem. Vou tentar. Ser-me-ia difícil demais o matar.

Tristão em breve pôs-se a caçar. Encontrou um gamo e o atingiu com uma flecha. Husdent quis lançar-se ao rastro do gamo e latiu tão alto que ecoou na floresta. Tristão bateu no cão, fazendo-o calar-se. O cão levantou a cabeça, espantado, não latiu mais, abandonou o rastro. Depois Tristão bateu na bota com uma varinha de castanheira, como fazem os caçadores para atiçar os cães. Husdent quis latir, mas Tristão corrigiu-o. Desse modo, depois de um mês, o cão estava treinado a caçar em silêncio. Seguia o rastro na neve ou no mato em silêncio. Quando encontrava o animal ferido sob as árvores, marcava o lugar com ramagens; se o encontrava na charneca, amontoava ramos sobre o corpo derrubado e voltava para buscar seu senhor, sem soltar nenhum latido.

Foi-se o verão, veio o inverno. Os amantes viviam escondidos no vão de um rochedo. Sobre o chão levantado pelo frio, o gelo se misturava às flores mortas. Pela graça do amor, eles não sentiam a sua desgraça.

Mas, quando o tempo claro voltou, eles construíram sob as árvores uma cabana de ramos verdes. Tristão sabia, desde criança, imitar o canto dos pássaros. Imitava o verdelhão, o melharuço, o rouxinol e todos os outros. Chamados pelo seu canto, muitas vezes os pássaros vinham cantar ali, com os bicos estendidos.

Os amantes já não fugiam errantes pelas florestas, pois nenhum dos barões se atrevia a buscá-los: sabiam que Tristão os enforcaria nos galhos das árvores. Não obstante, certo dia, Guenelon, levado pela excitação da caça, ousou aventurar-se pelas proximidades do Morois. Nessa manhã, Gorvenal deixou o cavalo pastar capim novo, depois de tirar-lhe a sela. Na cabana, sobre o tapete de flores, Tristão e Isolda dormiam abraçados.

De repente, Gorvenal ouviu o alvoroço de uma matilha: os cães perseguiam um cervo, que se lançou no desfiladeiro. Ao longe, no alto, apareceu um caçador: Gorvenal reconheceu-o, era Guenelon, o homem que seu senhor odiava mais que todos. Sozinho, sem escudeiro, as esporas nos flancos sangrentos de seu cavalo e batendo-lhe no pescoço, ele corria.

Emboscado atrás de uma árvore, Gorvenal o espreitava: ele veio apressado, mas sua volta seria mais lenta.

Quando ele passou, Gorvenal pulou da emboscada, pegou-o e, revendo todo o mal que aquele homem causara, derrubou-o, desmembrou-o e foi embora, levando a cabeça decepada. Lá ao longe, na cabana de folhas, sobre musgos e flores, Tristão e a rainha dormiam abraçados. Gorvenal chegou, sem fazer barulho, trazendo a cabeça do morto. Quando os caçadores encontraram sob a árvore o corpo sem cabeça, fugiram horrorizados, com medo de morrer também. E desde esse dia não vieram mais por aquela floresta.

Para alegrar Tristão, Gorvenal prendeu a cabeça em uma forquilha da cabana; a ramagem servia-lhe de grinalda. Quando Tristão acordou, viu a cabeça que o olhava, reconheceu Guenelon: levantou-se em pé, horrorizado. Mas seu mestre disse:

— Sossegai, está morto. Matei-o com esta espada. Ele era vosso inimigo.

Tristão se alegrou: aquele que ele odiava, Guenelon, estava morto!

Ninguém mais ousou penetrar na floresta selvagem daquele dia em diante: o horror guardava-lhe a entrada. Tristão e Isolda ali eram os senhores. Foi então que Tristão fez o arco infalível, o qual sempre atingiu o alvo, animal ou homem, no lugar visado.

Era um dia de verão, senhores, tempo de colheita, pouco depois de Pentecostes, e os pássaros na madrugada cantavam a aurora que se aproximava. Tristão saiu da cabana, pôs a espada à cinta, preparou o arco e, sozinho, foi caçar na floresta. Antes que a tarde caísse, grande aflição iria lhe ocorrer. Nunca dois amantes se amaram tanto nem mais duramente o pagaram.

Quando Tristão voltou da caça, cansado pelo calor que o oprimia, tomou Isolda nos braços.

Ela perguntou:

— Amigo, onde estivestes?

— Atrás de um cervo, que me cansou. Vede, escorre-me o suor dos braços. Eu gostaria de deitar-me e dormir.

Sob a cabana de folhas verdes, juncada de ervas frescas, Isolda estendeu-se primeiro. Tristão deitou-se em seguida, pondo a espada entre ambos. Por sorte, eles permaneceram de roupas. A rainha estava com o anel de ouro de belas esmeraldas que o rei lhe havia dado no dia do casamento. Estava tão magra que o anel mal se segurava no dedo. Um dos braços de Tristão enlaçava o pescoço de sua amiga, e o outro estava lançado sobre o seu belo corpo, estreitamente abraçados; contudo seus lábios não se tocavam. Tudo estava parado: não havia nem um sopro de brisa. Um raio de sol atravessava a folhagem do teto e descia sobre a face de Isolda, brilhando com um pedaço de gelo.

Um caçador encontrou um lugar onde o capim estava marcado de pisadas. No dia anterior, Tristão e Isolda haviam deitado ali. O caçador seguiu as pegadas, chegando até a cabana. Lá, viu os amantes dormindo, reconheceu-os e fugiu, temendo Tristão. Foi correndo até Tintagel, a duas léguas de lá. O rei estava em audiência com seus vassalos.

— Que tens? — disse ele ao caçador. — Por que estás tão esbaforido? Quem te expulsou de minhas florestas?

O caçador levou o rei para um canto e disse-lhe:

— Vi a rainha e Tristão. Estavam dormindo, mas tive medo.

— Onde? — disse o rei.

— Em uma cabana na floresta do Morois. Dormem enlaçados. Vinde depressa, se quereis ter a vossa vingança.

— Espera-me no início da floresta, perto da Cruz Vermelha. Não fales com ninguém sobre o que me falaste. Vou dar-te quanto ouro e prata quiseres.

O caçador partiu e ficou esperando sob a Cruz Vermelha. Maldito espião! Morrerá, porém, vergonhosamente, como daqui a pouco vô-lo dirá a história. O rei mandou selar um cavalo, cingiu espada, e, sem companhia, saiu da cidade. Enquanto cavalgava, lembrou-se da noite em que apanhara o sobrinho. Que ternura havia mostrado por Tristão e Isolda, a bela do rosto claro! Se ele os surpreendesse agora, castigá-la-ia por aquele grande pecado. Iria vingar-se daqueles que o infamaram.

A gruta do amor. Os amantes estão adormecidos.
Rei Marcos os surpreende e coloca as luvas para que o sol
não incomode o sono de Isolda.
B. N. Ms. fr. 2186, fª 500

Na Cruz Vermelha, encontrou o lenhador.

— Segue adiante; leva-me rápido.

A sombra das grandes árvores os envolvia. O rei seguia o espião. Tinha confiança na sua espada que antes vibrara bons golpes. Se Tristão ou Isolda despertasse, qualquer um dos dois morreria imediatamente. Finalmente o caçador disse:

— Estamos perto, meu rei.

Segurou então o estribo, amarrou as rédeas do cavalo nos galhos de uma macieira. Chegaram mais perto e, subitamente, em uma clareira cheia de sol, divisaram a cabana florida.

O rei desatou o manto de presilhas de ouro, jogou-o de lado, e seu belo corpo surgiu. Desembainhou a espada e disse de si para si que queria morrer se não os matasse. O caçador seguia ao lado dele, mas o rei lhe fez um sinal para que voltasse.

Entrou na cabana sozinho, com a espada desembainhada e brandindo-a. Mas, ah, notou que suas bocas não se tocavam e que uma espada desembainhada lhes separava os corpos.

— Deus — disse consigo —, que vejo! Devo matá-los? Há tanto tempo que vivem nesta selva... E se de louco amor se amassem, teriam entre si posto essa espada? Pois não se sabe que isso é sinal de castidade? Se se amassem de louco amor, repousariam tão puramente? Não, não os matarei; seria grande pecado feri-los; e se eu despertasse quem dorme, e um de nós dois fosse morto, por muito tempo nisso se falaria, e para nossa vergonha. Mas farei que ao acordarem saibam que os vi adormecidos e não quis a morte deles, e que Deus se compadeceu dos dois.

O sol, atravessando a cabana, deixava dourada a face branca de Isolda. O rei pegou suas luvas ornadas de arminho. Pensou: "Foi ela que me trouxe da Irlanda". Na folhagem colocou-as, a fim de que tampassem o buraco por onde descia o raio de sol. Depois, retirou suavemente o anel que havia dado a Isolda. Então, fora preciso forçar um pouco para que entrasse, mas agora seus dedos estavam tão magros que saiu com facilidade. Em seu lugar, o rei pôs o anel que ela o presenteara outrora. Depois tirou a espada que separava os amantes. Ele reconheceu que era a mesma espada que havia ferido a cabeça do Morholt e pôs a sua em seu lugar. Em seguida, saiu da cabana e disse ao caçador:

— Foge agora e salva-te se puderes.

Isolda teve uma visão em seu sonho. Estava embaixo de uma rica tenda, no meio de uma mata. Dois leões atiraram-se sobre ela e

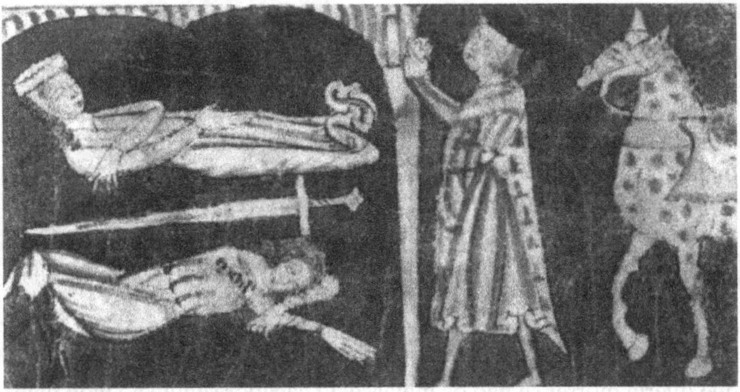

Rei Marcos surpreende os amante separados pela espada.
Minigruta da Gottried von Strasbourg.
Bayerische Staatsbibliothek München

disputavam entre si para tê-la. Ela soltou um grito e despertou. As luvas do rei caíram sobre seu regaço. Tristão ficou em pé e foi apanhar sua espada. Viu pelo punho de ouro que era a espada do rei, enquanto Isolda viu em seu dedo o anel do Rei Marcos. Gritou:

— Oh, senhor, que desgraça. O rei nos surpreendeu.

— Ele levou minha espada. Estava sozinho e ficou com medo. Foi buscar reforço. Vai voltar e mandará que nos atirem à fogueira, diante de todo o povo. Fujamos!

E, seguidos de Gorvenal, eles fugiram para a terra de Gales, no fim da floresta do Morois. Com que torturas o amor se vinga dos amantes!...

X
Ogrin

Depois de três dias, perseguindo um cervo ferido, caiu a noite na floresta, e Tristão pôs-se a pensar: "Não foi por medo que o rei nos poupou. Ele havia tomado minha espada, e eu dormia, à sua mercê; podia ferir-me. Para que iria querer reforço? E se quisesse pegar-me vivo, por que me teria deixado sua espada? Ah, meu pai, não foi por medo, foi por ternura e compaixão que quisestes nos perdoar. Quem poderia, sem se aviltar, perdoar um tal erro? Não, não perdoou, mas compreendeu. Viu que na fogueira, na capela, na emboscada contra os leprosos, Deus havia nos tomado sob Sua proteção. Lembrou-se do menino que antigamente tocava harpa a seus pés, da minha terra de Loonnois, que deixei por causa dele, do chuço do Morholt e do sangue derramado por sua honra. Lembrou-se de que não reconheci minha culpa e que inutilmente reclamara julgamento, direito e duelo. E a nobreza de seu coração levou-o a compreender coisas que seus homens não compreendem. Não, ele não poderá saber jamais a verdade do nosso amor, todavia, sem dúvida, sente que eu não menti e deseja que o julgamento prove o meu direito. Meu bom tio, vencer em duelo com a ajuda de Deus, ganhar vossa paz e por vós enlaçar o elmo, vestir a cota de malha! Mas que estou pensando? Ele tomaria Isolda de volta, porém eu a iria entregar? Teria sido melhor que ele me degolasse no meu sono! Antes, perseguido por ele, eu podia odiá-lo e esquecê-lo. Ela não era mais dele; era minha. Mas, agora, por sua compaixão, ele me inspira ternura e reconquista a rainha. Rainha? Junto dele, neste bosque, ela parece mais uma serva. Que fiz eu da sua mocidade? Em vez das almofadas bordadas de ouro, dou-lhe esta floresta. Uma choupana em vez dos ricos brocados. É por minha causa que ela segue por esse caminho. Oh, Deus, Senhor do mundo, imploro por Sua compaixão e suplico-Lhe que me dê forças para devolvê-la. Ela é sua esposa, casada segundo a lei de Roma, perante todos os homens poderosos de sua terra.

Tristão apoiou-se sobre o arco e, dentro da noite, lamentou-se durante muito tempo.

No retiro cercado de espinhos que lhes servia de morada, Isolda, a Loura, esperava pela volta de Tristão. Na claridade de um raio, viu luzir no seu dedo o anel de ouro que o Rei Marcos havia deixado. E pôs-se a pensar: "Esse que deixou este anel não é o mesmo que, encolerizado, me entregou aos leprosos. Esse é o mesmo que me acolheu e protegeu desde que aportei nesta terra. E o que fiz? Tristão deveria viver no palácio com os cem jovens que seriam de sua mesnada e o serviriam como cavaleiros armados. Ele deveria cavalgar pelas cortes procurando aventuras. Por mim, porém, esquece a cavalaria, está exilado da corte, perseguido por esta floresta, levando uma vida selvagem".

Ela ouviu, então, sobre folhas e ramos mortos, os passos de Tristão. Foi ao encontro dele, como habitualmente fazia, para lhe tomar as armas. Tirou-lhe o arco infalível e as flechas e desprendeu as presilhas da espada.

— Amiga — disse Tristão —, esta é a espada de Marcos. Ela devia nos degolar, mas nos poupou.

Isolda pegou a espada e beijou-lhe a cruz de ouro. Tristão notou que ela chorava.

— Amiga — disse ele —, se eu pudesse fazer as pazes com o Rei Marcos! Se ele permitisse que eu pudesse provar por combate que nunca vos amei, nem por palavras, nem por atos, de amor culposo, todo cavaleiro daqui, desde Lidan até Durham, que se atrevesse a me contradizer, achar-me-ia armado em campo fechado. E se, depois, o rei quisesse me manter na sua mesnada, eu o iria servir com grande honra. E se ele preferisse que eu me afastasse e vos conservar, eu iria com Gorvenal para a Frísia ou a Bretanha. Mas, em qualquer lugar onde fosse, rainha, sempre vosso eu seria. Eu não pensaria nesta separação se não fosse a dura miséria que, por minha causa, suportais há tanto tempo.

— Tristão, lembrai-vos do eremita Ogrin. Voltemos a ele e talvez possamos clamar misericórdia ao poderoso rei do céu, amigo Tristão!

Acordaram Gorvenal; Isolda montou no cavalo que Tristão conduziu, e na noite, atravessando pela última vez os bosques amados, seguiram em silêncio. Descansaram pela manhã, puseram-se em movimento de novo, até que chegaram ao eremitério. Na capela, Ogrin lia um livro. De longe os chamou com ternura:

— Amigos! O amor vos persegue de desgraça em desgraça. Até quanto tempo vai durar essa vossa loucura? Coragem! Arrependei-vos, enfim!

Disse-lhe Tristão:

— Ouvi, Senhor Ogrin. Ajudai-nos a fazer as pazes com o rei. Vou lhe restituir a rainha. Depois, partirei para bem longe, para a Bretanha ou a Frísia; se, algum dia, quisesse me aceitar junto dele, voltaria, então, para servi-lo, como devo.

Inclinada aos pés do eremita, disse Isolda, com voz dolente:

— Não vivereis mais assim. Não digo que me arrependa de haver amado ou de amar ainda Tristão; mas nossos corpos, pelo menos, serão daqui para a frente separados.

O eremita ficou muito comovido. Disse: "Deus, bondoso rei todo-poderoso. Eu vos dou graças por viver o bastante para vir em auxílio a estes infelizes". Sabiamente, deu-lhes conselhos; depois, pegou tinta e pergaminho e escreveu um breve, em que Tristão apresentava um acordo ao rei. Quando terminou de escrever todas as palavras que Tristão lhe ditara, selou com seu anel.

— Quem levará este breve? — perguntou Ogrin.

— Eu mesmo — disse Tristão.

— Não, Senhor Tristão. Eu irei por vós, pois conheço bem os homens do castelo.

— Deixai, bom Senhor Ogrin. A rainha ficará em vosso eremitério; irei com meu escudeiro, o qual guardará meu cavalo.

Quando a escuridão desceu sobre a terra, Tristão pôs-se a caminho, com Gorvenal, o qual ele deixou às portas de Tintagel. Nas muralhas, as sentinelas tocaram as cornetas. Ele penetrou nos fossos e atravessou a cidade, arriscando a vida. Como antes, transpôs as paliçadas do pomar, as escadarias de mármore, a fonte e o pinheiro e chegou perto da janela sob a qual o rei dormia. Tristão chamou-o suavemente. O Rei Marcos despertou.

— Quem sois vós que me chamais a essa hora da noite?

— Senhor, sou Tristão. Trago-vos um breve; deixo-o aqui, sob a grade da janela. Mandai vossa resposta nos braços da Cruz Vermelha.

— Por Deus, meu bom sobrinho, esperai-me!

Por três vezes, ele clamou no escuro da noite:

— Tristão! Tristão! Tristão! Meu filho!

Mas Tristão fugira. Alcançou o seu escudeiro e, de um salto, subiu a sela. Gorvenal disse:

— Louco! Apressai-vos, fujamos por este caminho.

Voltaram ao eremitério, onde o eremita, com as mãos postas, movia os lábios, rezando. Isolda chorava, que é a maneira dos olhos rezarem.

❖

XI

O vau aventuroso

Marcos mandou chamar seu capelão e estendeu-lhe a carta. O capelão quebrou o lacre e saudou o rei, no princípio, em nome de Tristão. Depois lhe transmitiu o que Tristão mandara. O Rei Marcos ouviu sem dizer palavra. No seu íntimo estava jubiloso, porque ainda amava a rainha.

Convocou os seus mais queridos barões e, quando estavam todos reunidos, disse:

— Senhores, recebi este breve. Sou vosso suserano, e vós sois meus súditos. Escutai as coisas que me são propostas; depois, aconselhai-me, pois me deveis conselho.

O capelão se pôs de pé e disse:

— Senhores, Tristão manda saudação e amor ao Rei e a toda sua baronia. "Rei", diz ele, "quando matei o dragão e conquistei a filha do rei da Irlanda, foi a mim que ela foi concedida. Eu poderia ter ficado com ela, mas não o quis; trouxe-a à vossa terra e vô-la dei. Mas, mal a tomastes, traidores iludiram-vos com suas mentiras. Em vossa ira, bom tio, quisestes-nos queimar sem julgamento. Mas o Senhor Deus, em Sua compaixão, veio em nossa ajuda; a Ele suplicamos, Ele salvou a rainha, e a justiça foi feita; e do mesmo modo eu, precipitando-me do penhasco, salvei-me pela graça de Deus. Depois, que fiz para ser censurado? A rainha havia sido entregue aos leprosos. Eu a salvei e levei-a. Poderia abandoná-la, ela que quase morrera, inocente, por minha causa? Fugi com ela pelas florestas. Ordenastes que nos pegassem vivos ou mortos. Mas, hoje, bom senhor, como outrora, estou pronto para dar meu penhor e provar em duelo, ao primeiro que surgir, que a rainha jamais teve amor por mim que vos pudesse ofender. Ordenai a luta, não recuso nenhum adversário, e se não puder provar meu direito, queimai-me vivo, diante dos vossos homens. Mas, se eu vencer, e vos aprouver tomar novamente Isolda, nenhum dos vossos barões vos servirá melhor que eu; se, ao contrário, não vos agradar meu serviço, transporei o mar e irei oferecer meus serviços ao rei da Gavoia ou ao rei da Frísia, e nunca mais ouvireis falar de mim. Senhor, aconselhai-vos, e, se não consentirdes em nenhum acordo, tornarei a levar Isolda para a Irlanda, de onde eu a trouxe; e ela será rainha em sua terra."

Quando os barões ouviram a proposta de que Tristão lhes oferecia combate, logo disseram:

— Senhor, ficai novamente com a rainha. Foram insensatos os que a caluniaram. Quanto a Tristão, que ele parta para guerrear na Gavoia ou na Frísia. Mandai-lhe dizer que traga Isolda o quanto antes.

O rei perguntou por mais três vezes:

— Ninguém se levanta para acusar Tristão?

Todos ficaram quietos. Disse ele então ao capelão:

— Escrevei, pois, rapidamente um breve. Ouvistes o que aí deveis pôr. Apressai-vos. Isolda sofreu demais em seus tenros anos! E que a carta seja pendurada no braço da Cruz Vermelha ainda hoje. Apressai-vos! — E acrescentou: — Direis ainda que lhes envio paz e amor.

À meia-noite, Tristão atravessou a Charneca Branca para buscar o breve e trouxe-o, selado, ao eremita Ogrin. O velho leu as letras: Marcos consentia, por conselho de seus barões, em retomar Isolda, mas não em manter Tristão a seu serviço. Depois de ter entregue Isolda dali a três dias, no Vau Aventuroso, ele devia cruzar o mar.

— Senhor Deus — disse Tristão —, que tristeza vos perder, minha amiga! Não obstante, é preciso que eu vos poupe sofrimentos, depois de todos aqueles que sofrestes por minha causa. Quando chegar o instante de nos separarmos, dar-vos-ei um presente, prova de meu amor. Da terra desconhecida, para onde vou, enviar-vos-ei um mensageiro. Ele vai me dizer vosso desejo, amiga, e, ao primeiro chamado, correrei para vós.

— Tristão — suspirou Isolda —, deixai-me Husdent, vosso cão. Jamais um cão será guardado com mais honra. Quando eu o vir, lembrar-me-ei de vós e serei menos triste. Amigo, tenho um anel de jaspe verde, tomai-o por amor de mim. Se um mensageiro vier de vossa parte, não acreditarei no que quer que diga ou que faça se

O monte St. Michel da Cornualha, onde Ogrin compra o traje de Isolda.
C.I. British Authority

não me mostrar o anel. Mas, se mostrar, nenhum poder, nenhuma proibição do rei, ninguém, nada me impedirá de fazer o que tiverdes mandado, seja loucura, seja sensatez.

— Amiga, eu vos dou Husdent.

— Amigo, eu vos dou este anel.

E beijaram-se nos lábios.

Ora, deixando os amantes no eremitério, Ogrin fora com sua muleta até a vila, onde comprou telas e estofos, veiros arminhos, seda púrpura e escarlate, um véu mais branco que a flor-de-lis e outros belos ornamentos, e ainda um palafrém, ajaezado de ouro, que andava suavemente. A gente ria de o ver gastar com compras magníficas e extravagantes dinheiro que tão longamente juntara. Mas o velho trouxe os ricos tecidos no cavalo e os depôs aos pés de Isolda.

— Rainha, vossas vestes estão em farrapos. Aceitai estes presentes para que estejais mais bela que o dia quando fordes ao Vau Aventuroso. Tenho receio de que não sejam do vosso agrado, pois não tenho muito conhecimento desses ornatos.

Enquanto isso, o rei mandava apregoar por todos os cantos a notícia de que dentro de três dias, no Vau Aventuroso, faria acordo com a rainha. Os nobres dirigiam-se a essa assembleia. Todos queriam rever a rainha; todos a amavam, menos os três traidores. Mas um desses irá morrer pela espada, o outro morrerá transpassado por uma flecha, e o outro, afogado. Quanto ao caçador, Perinis, o Franco, será morto na floresta por golpes de bastão. Desse modo, Deus, que odeia toda iniquidade, vingará os amantes contra seus inimigos.

No dia da assembleia, no Vau Aventuroso, a praia brilhava, toda enfeitada pelas tendas dos barões. Tristão cavalgava com Isolda pela floresta e, receando uma emboscada, vestira sua loriga debaixo de sua veste andrajosa. De súbito, surgiram na boca da floresta e avistaram ao longe o Rei Marcos entre os barões. Disse Tristão:

— Amiga, eis o rei, vosso Senhor, com seus cavaleiros e seus soldados. Eles se aproximam. Em um instante não mais poderemos nos falar. Por Deus onipotente e glorioso, eu vos suplico: se eu vos mandar uma mensagem, fazei o que vos mandar.

— Amigo — disse Isolda —, se eu tornar a ver o anel de jaspe verde, nada nem ninguém me impedirá de fazer a vossa vontade.

— Que Deus seja testemunha, Isolda!

Seus cavalos marchavam lado a lado. Tristão puxou Isolda para si, estreitando-a entre os braços.

— Amigo, meu último pedido é que esperai pelo menos alguns dias antes de sair do país. Esperai para saber como irá me tratar o rei, se com bondade ou com ódio. Estou sozinha aqui; quem me defenderá dos traidores? Ide à noite no celeiro; enviarei Perinis para dizer-vos se alguém me maltrata.

— Amiga, ninguém se atreverá a maltratar-vos. Ficarei escondido na casa de Orri. Se alguém vos fizer mal, que se cuide de mim, como de um inimigo.

As duas tropas haviam se aproximado para trocar saudações. A um tiro de arco, diante dos seus, vinha o rei, garbosamente. Com ele vinha também Dinas de Lidan.

Quando os barões chegaram até ele, Tristão, segurando pelas rédeas o palafrém de Isolda, saudou o rei e disse:

— Senhor, entrego-vos Isolda, a Loura. Diante dos homens de vossa terra, peço que permitais que me defenda na vossa corte. Nunca fui julgado. Faze que me justifique por batalha. Se for vencido, queimai-me com enxofre; se for vencedor, deixai-me servir-vos ou então, se não quiserdes, irei para um país longínquo.

O desafio de Tristão não foi aceito por ninguém. Marcos tomou o palafrém de Isolda pelas rédeas, confiou-a a Dinas e afastou-se para aconselhar-se.

Jubiloso, Dinas prestou muitas homenagem à rainha. Tirou-lhe a capa de escarlate, e o corpo dela apareceu gracioso sob a túnica delicada e o grande brial de seda. A rainha sorriu, à lembrança de Ogrin, que não havia feito economia. Seu vestido era rico, seu talhe delgado, seus olhos furta-cores e seus cabelos louros como o sol.

Quando os traidores a viram tão bela e celebrada, cavalgaram contrafeitos até o rei. Nesse exato momento, um barão, Andret de Nicole, tentava persuadir o rei:

— Senhor, conservai Tristão junto de si. Serás, graças a ele, um rei mais temível.

E pouco a pouco o coração do rei amolecia. Mas os traidores disseram:

— Senhor, escutai o conselho que vos damos com lealdade. Falam mal da rainha, e injustamente, concedemos; mas, se Tristão e ela entram juntos em vossa corte, de novo começarão a comentar. Deixai Tristão ir por algum tempo; um dia, talvez o chameis de volta.

Assim o rei fez; por seus barões mandou que Tristão partisse, sem demora. Então, veio Tristão até a rainha e disse-lhe adeus. Olharam-

Tristão jura ao Rei Marcos que não voltará mais à Cornualha.
B. N. fr. 334, fª 192

-se. Nesse olhar tudo disseram. A rainha teve vergonha por que a assembleia estava ali reunida e enrubeceu.

Mas o Rei Marcos estava comovido e, dirigindo-se a seu sobrinho, pela primeira vez, disse:

— Para onde ireis com estes farrapos? Tomai do meu tesouro o que quiseres, ouro, prata, peliças, enfim, o que quiserdes.

— Senhor — disse Tristão —, não quero nada. Irei servir o rei da Frísia como puder.

E saiu com seu cavalo em direção ao mar. Isolda seguiu-o com o olhar até que ele desapareceu.

Ao saber do acordo, grandes e pequenos, mulheres e crianças acorreram ao encontro de Isolda. Embora tristes pela partida de Tristão, celebravam a rainha reencontrada. Ao repique dos sinos, pelas ruas bem juncadas de flores, encortinadas de seda, o rei, os condes, os príncipes lhe fizeram cortejo; as portas do palácio abriram-se a todos; ricos e pobres puderam sentar-se para comer. O Rei Marcos, para comemorar esse dia, mandou alforriar cem escravos e deu a espada e a loriga a 20 cavaleiros de segunda ordem.

Entretanto, chegada a noite, Tristão, como prometera à rainha, fora para a casa de Orri, que o abrigou em segredo no celeiro arruinado. Os traidores que se cuidassem.

❖

XII

O julgamento pelo ferro em brasa

Sem demora, Denoalen, Andret e Gondoine supuseram estar a salvo na ausência de Tristão; sem dúvida este estava longe demais para os molestar. Assim, portanto, em um dia de caça, como o rei, escutando o alvoroço de sua matilha, se detivesse em meio de um descampado, os três aproximaram-se e disseram:

— Senhor, ouçai. Havíeis condenado a rainha sem julgamento, e era crime; agora a absolveste, sem julgamento: também não será crime? Ela nunca se justificou, e os barões de vossa terra censuram a vos ambos. Aconselheis a ela que peça o julgamento de Deus. Que custará a ela, se for inocente, jurar pelos ossos dos santos? Segurar, se inocente, um ferro em brasa? Assim dita o costume e, por essa prova fácil, para sempre serão dissipadas as antigas suspeitas.

Irritado, Marcos respondeu:

— Que Deus vos confunda, senhores da Cornualha, vós que sem tréguas promoveis minha vergonha. Por vossa causa expulsei meu sobrinho: que exigis ainda? Que expulse a rainha para a Irlanda? Quais são vossos novos agravos? Contra os antigos não se ofereceu Tristão para defendê-la? Para justificar, vos ofereceu combate, e todos o ouvistes: por que não tomastes contra ele vossos escudos e lanças? Senhores, requerestes de mim além do direito; temei, portanto, que o homem por vós desterrado, além-mar, eu o chame aqui.

Então, tremeram os covardes, acreditando ver Tristão de volta a lhes sangrar o corpo.

— Senhor, damos leal conselho, por vossa honra, como cabe a

súditos; mas de agora em diante vamos nos calar. Esquecei vossa raiva e dai-nos a paz.

O Rei Marcos, porém, estava furioso:

— Fora de meus domínios, traidores! Não tereis mais minha paz! Por vós expulsei Tristão; agora chegou a vossa vez. Fora de meus domínios!

— Que seja! Nossos castelos são fortificados, bem cercados de estacas, sobre penhascos duros de subir!

E, sem saudar o rei, eles deram meia-volta e partiram.

Sem esperar os cães nem os caçadores, o Rei Marcos foi diretamente para Tintagel e subiu os degraus da sala. A rainha ouviu seus passos apressados aproximando-se. Ela levantou-se, veio-lhe ao encontro, tomou-lhe a espada, como fazia habitualmente, e inclinou-se até os seus pés. O Rei Marcos a reteve pelas mãos. Ela viu seu nobre olhar atormentado pela cólera, tal como lhe aparecera outrora, diante da fogueira. "Ah!", pensou ela, "meu amigo foi descoberto; o rei o prendeu." Seu coração gelou e, sem uma palavra, caiu aos pés do rei. Ele a tomou nos braços e docemente a beijou; pouco a pouco ela voltou a si.

— Amiga, por que vos inquietais?

— Senhor, tenho medo. Vi tanta cólera em vosso olhar!

— Sim, voltei enfurecido da caçada.

— Ah, senhor, se vos aborreceram os caçadores, valeria a pena levar tão a sério esses aborrecimentos?

— Não, amiga, meus caçadores não me aborreceram. Foram três traidores que há muito tempo nos odeiam. Vós o conheceis; são Andret, Denoalen e Gondoine. Expulsei-os de minhas terras.

— Senhor, que mal eles ousaram dizer de mim?

— Que vos importa. Expulsei-os.

— Senhor, cada um tem direito de dizer seu pensamento. Também tenho direito de conhecer a acusação contra mim. E de quem o saberia, senão de vós? Só, em terra estranha, não tenho ninguém, senão vós, senhor, para me defender.

— Que seja. Eles pretendiam que seria conveniente que vos justifiqueis por juramento e pela prova do ferro em brasa. Eles diziam: "A rainha não deveria pedir, ela própria, esse julgamento? Essas provas são fáceis para quem se sabe inocente. Que lhe custaria? Deus é juiz verdadeiro; assim, seria dissipado para sempre agravos antigos". Era o que eles pretendiam. Mas deixemos dessas coisas. Expulsei-os, como já disse.

Isolda estremeceu; olhou para o rei e disse:

— Senhor, mandai-lhes que voltem à vossa corte. Eu irei me justificar por juramento.

— Quando?

— Ao décimo dia.

— Esse prazo é muito curto, amiga.

— É distante demais, senhor. E até peço que convideis o Rei Arthur. Que venha para cá com o Monsenhor Gauvain, com Girflet, Ké, o senescal, e cem de seus cavaleiros, até os limites de vossas terras, na Charneca Branca, à margem do rio que separa os vossos reinos. Será ali, diante deles, que farei o juramento, e não diante apenas de vossos barões; porque apenas eu tivesse jurado, eles vos requereriam nova prova a me ser imposta, e nossos tormentos não mais acabariam. Assim não se atreverão, porque o Rei Arthur e seus cavaleiros serão fiadores do julgamento.

Enquanto se apressavam para Carduel, para junto do Rei Arthur, os arautos mensageiros do Rei Marcos, Isolda enviou em segredo a Tristão seu pagem Perinis, o Fiel. Correu Perinis pela floresta, evitando os caminhos conhecidos, até que atingiu a cabana de Orri, o Lenhador, onde fazia muitos dias Tristão o esperava. Perinis contou-lhe o sucedido, a nova traição, o termo do julgamento, a hora e o lugar.

— Senhor, ordena-vos minha senhora que no dia determinado, vestido de peregrino, disfarçado para que ninguém vos reconheça, sem armas, estejais, na Charneca Branca. Para chegar ao julgamento, é preciso passar o rio de barca; na margem oposta, lá onde estiverem os cavaleiros do Rei Arthur, vós a esperareis. Vós podereis ajudá-la. Minha senhora tem medo do dia do julgamento; porém, ela acredita na misericórdia do Senhor Deus, que já a arrancou das mãos dos leprosos.

— Volta para a rainha, bom amigo Perinis; dize-lhe que farei a sua vontade.

Quando Perinis voltou a Tintagel, aconteceu de notar em um arvoredo o mesmo lenhador que, outrora, tendo surpreeendido os amantes no sono, os denunciara ao rei. Certo dia, embriagado, se vangloriara da traição. O homem havia cavado na terra um buraco profundo, cobria-o habilmente com ramos e folhas, para ali pegar lobos e porcos selvagens. Viu dirigir-se para ele o pagem da rainha e quis fugir. Mas Perinis o acuou à beira da sua própria armadilha.

— Espião, que vendeste a nossa rainha, por que foges agora? Fica ali no túmulo, que tu mesmo cavaste!

O bastão de Perinis girou no ar. O bastão e a cabeça quebraram-se a um só tempo, Depois, Perinis, o Fiel, empurrou o corpo para dentro do fosso.

No dia marcado para o julgamento, o Rei Marcos, a rainha, os barões da Cornualha, havendo cavalgado até a Charneca Branca em belo cortejo, chegaram diante do rio. Ao longo da outra margem, os cavaleiros do Rei Arthur os saudaram em suas brilhantes bandeiras e fanfarras.

Diante deles, sentado sobre a ribanceira, um pobre peregrino, envolvido em sua capa, de onde pendiam conchas, estendia uma vasilha, pedindo esmola, em voz aguda e dolente.

À força de remos, as barcas da Cornualha se aproximavam. Quando estavam prestes a aterrar, Isolda perguntou aos cavaleiros que a cercavam:

— Senhores, como poderei sair em terra firme sem sujar meu vestido nesta lama? É preciso um carregador para me levar.

Um dos cavaleiros chamou o peregrino.

— Amigo, suspende a tua capa, desce na água e leva a rainha.

O homem tomou a rainha nos braços. Ela lhe disse baixinho: "Amigo! Deixai-vos cair sobre a areia".

Ao chegar à praia, o peregrino tropeçou e caiu, tendo a rainha apertada entre os braços. Escudeiros e marinheiros, tomando remos e ganchos, enxotaram o infeliz.

— Deixai-o — disse a rainha. — Certamente a longa peregrinação o enfraqueceu.

E desprendendo um broche de ouro, jogou-o ao peregrino.

Diante do pavilhão do Rei Arthur, rico tecido de seda da Nicéa estava estendido sobre a relva verde, e as relíquias dos santos, retiradas dos relicários, foram ali depositadas. O Monsenhor Gauvain, Girflet e Ke, o senescal, montavam guarda.

Tendo orado a Deus, a rainha tirou as joias do pescoço e das mãos e deu-as aos mendigos; desprendeu o manto de púrpura, pegou o véu fino e deu-os; deu também o brial e os sapatos ricos, cobertos de pedras preciosas. Apenas conservou em seu corpo uma túnica sem mangas e, com a cabeça, os braços e os pés nus, avançou diante dos dois reis. Em volta, os barões olhavam em silêncio e choravam. Perto das relíquias ardia uma fogueira.

Trêmula, ela estendeu a mão direita para as ossadas dos santos e declarou:

— Rei de Logres e rei da Cornualha, Senhor Gauvain, Senhor

Ké, Senhor Girflet e vós todos que me sereis testemunhas, por estes corpos santos e por todos os corpos santos que no mundo existem, eu juro que jamais nenhum homem me teve entre seus braços, salvo o Rei Marcos, meu senhor, e o pobre peregrino que há pouco se deixou cair à vossa vista. Rei Marcos, convêm-vos este juramento?

— Sim, rainha, e que o Senhor Deus manifeste sua verdade no julgamento!

— Amém! — disse Isolda.

Ela se aproximou pálida e vacilante da fogueira. Todos se calaram: o ferro estava em brasa. Então, mergulhando os braços nus no braseiro, ela pegou a barra de ferro, caminhou nove passos segurando-a e, depois, havendo-a deposto em um lugar, estendeu os braços em cruz, com as palmas das mãos abertas. E cada um viu que sua carne estava mais sã que as ameixas das ameixeiras.

Então, de todos os peitos um grande grito de louvor subiu ao Senhor Deus.

❖

XIII
A voz do rouxinol

Quando Tristão, já de volta à cabana do lenhador Orri, descansou o seu cajado e tirou sua capa de peregrino, viu claramente que chegara o dia de cumprir a palavra empenhada ao Rei Marcos de afastar-se da Cornualha.

Por que não partira ainda? Havia-se justificado à rainha; o rei a queria e honrava. O Rei Arthur, se fosse necessário, tomá-la-ia sob sua proteção, e daqui para frente nenhuma felonia iria prevalecer contra ela. Por que ficar mais tempo por lá? Estava arriscando inutilmente a sua vida, a do lenhador e a tranquilidade de Isolda. Certamente era preciso partir; aquela vez, com a roupa de peregrino, fora a última que tivera Isolda em seus braços.

Ele ainda ficou por mais três dias, não conseguindo desprender-se da terra em que vivia a rainha. Pobre infeliz! Estava escrito que ele não conseguiria viver nem com ela, nem sem ela. Mas, quando o quarto dia chegou, despediu-se do lenhador que tão bom refúgio lhe dera e disse a Gorvenal:

— Bom mestre, eis chegada a hora da partida tardia; iremos à terra de Gales.

Começaram a jornada, tristemente, à noite. Mas a estrada margeava o pomar cercado de chuços, onde antigamente Tristão esperava sua amiga. A lua brilhava. Numa volta do caminho, não longe das estacas, divisou o tronco do alto pinheiro.

— Bom mestre, esperai no bosque perto daqui. Voltarei já.

— Aonde ides? Louco, quereis sempre ficar buscando a morte?

Mas, de um pulo, Tristão já havia transposto a cerca de chuços. Veio sob o pinheiro até a escadaria de mármore. Que serviria agora lançar à fonte cascas de árvore e ramos? Isolda não viria mais. Sem fazer barulho, passou pelo caminho que a rainha seguia e aproximou--se do castelo.

Entre os braços de Marcos adormecido, Isolda velava no quarto. De repente, pela janela entreaberta que dava para o jardim, entrou a voz de um rouxinol.

Isolda escutava a voz sonora que vinha encantar a noite; e ela se elevava tão triste que não haveria coração, nem de assassino, que se não enternecesse. A rainha pensou: "De onde virá esta melodia?". E de súbito compreendeu: "É Tristão. Era assim, na floresta de Morois, que ele imitava pássaros para me distrair. É seu último adeus. Ah, como se lamenta! É como o rouxinol quando se despede, no fim do verão. Amigo, nunca mais ouvirei tua voz!". A melodia vibrou ainda mais ardente. "Ah, que queres? Que eu vá até você? Lembrai-vos de Ogrin e dos juramentos feitos. Calai-vos, a morte nos espia. Mas me chamais, vós me quereis, e eu vou!" Ela saiu dos braços do rei e jogou um manto de gridelim sobre o corpo quase nu. Era-lhe necessário atravessar a sala vizinha onde, a cada noite, dez cavaleiros velavam, revezando-se: cinco dormiam, enquanto cinco ficavam em armas, de pé, vigiando diante das portas e das janelas. Mas por sorte todos estavam adormecidos, cinco nos leitos e cinco sobre as lajes. Isolda passou por sobre seus corpos espalhados e levantou a barra da porta; o anel tiniu, mas sem despertar nenhum dos guardas. Ela atravessou o limiar, e o cantor se calou.

Sob as árvores, sem dizer uma palavra, Tristão apertou Isolda contra o peito; ficaram abraçados até a autora, sem poder se desprender. A despeito do rei e dos vigias, os amantes gozaram sua felicidade e seus amores.

Aquela noite alucinou os amantes; quando a vontade quer, todos os perigos são desprezados, e nos dias que se seguiram, como o rei tivesse deixado Tintagel para dar sentenças em Saint Lubin, Tristão, regressando à casa de Orri, ousou, cada madrugada, insinuar-se, pelo pomar, até os aposentos das mulheres.

Um servo o surpreendeu e foi contar a Andret, Denoalen e Gondoine.

— Senhores, a fera que acreditáveis sumida voltou à toca.

— Quem?

— Tristão.

— Quando o viste?

— Esta madrugada. Eu o reconheci. E vós podereis fazer o mesmo amanhã, ao nascer do sol, com a espada na cinta, um arco na mão, duas flechas na outra.

— Onde o veremos?

— Por uma janela que conheço. Mas, se o mostrar, quanto ganharei?

— Trinta marcos de prata, e serás um vilão rico.

— Escutai, então — disse o servo. — Pode-se ver o quarto da rainha por certa janela estreita, pois fica bem no alto da muralha. Todavia, uma grande cortina, estendida através do quarto, fecha a abertura. Que amanhã um de vós penetre pelo pomar; corte um longo ramo de espinheiro, apontado em cima, suba até a janela e espete o ramo no pano da cortina: poderá assim afastá-la o quanto baste, e podeis me queimar o corpo, senhores, se atrás dela não virdes o que vos digo.

Andret, Gondoine e Denoalen disputaram entre si sobre qual, dentre eles, teria primeiro a alegria do espetáculo; combinaram por fim de dá-lo a Gondoine. Separaram-se. No dia seguinte, ao amanhecer, iriam se encontrar. Amanhã, ao nascer do sol, eles teriam de se cuidar com Tristão!

No dia seguinte, ainda estava escuro, deixando Tristão a cabana de Orri, rastejou até o castelo, sob a sebe de espinheiros. Como ele saísse de um arvoredo, olhou pela clareira e viu Gondoine, que vinha de sua mansão. Tristão penetrou no espinheiro e se encolheu em emboscada.

— Ah, Deus, fazei que ele não me veja antes do momento propício!

Espada em punho, ele o esperava; mas, por obra do acaso, Gondoine tomou outro cabinho e afastou-se. Tristão saiu da sebe, entesou o arco e mirou. Mas o homem já estava fora do alcance. Nesse instante, vinha de longe, ao passo de um palafrém negro, Denoalen, seguido de dois galgos. Tristão o viu de longe, escondido atrás de uma macieira. Viu-o atiçar os cães para desentocar um porco selvagem. Mas, antes que o conseguisse, seu dono sofreria um tal ferimento que nada nem ninguém o poderia curar. Quando Denoalen chegou perto, Tristão jogou sua capa e pulou diante do inimigo. O traidor quis fugir, mas foi inútil, não teve tempo de proferir nenhuma palavra. Caiu do cavalo, e Tristão lhe decepou a cabeça; as tranças que lhe pendiam em torno do rosto cortou-as e as pôs nas perneiras para mostrá-las a Isolda e deixá-la contente. "E Gondoine?", pensava Tristão, "Este escapou. Por que não consegui matá-lo também?"

Limpou a espada, pô-la na bainha, arrastou o corpo até um tronco de árvore e, deixando o despojo sangrento e ajeitando o capuz na cabeça, foi até Isolda.

No castelo de Tintagel havia-o precedido Gondoine: sobre a alta janela, havia espetado sua vara de espinho na cortina e afastado os dois panos do tecido, olhando o quarto todo cheio de cortinas. A princípio, não viu ninguém, só Perinis; depois viu Brangien, ainda com o pente com que acabava de pentear Isolda. Isolda entrou e depois Tristão, o qual trazia em uma das mãos o arco e duas flechas, na outra, duas longas tranças de homem.

Deixou cair a capa, e seu belo corpo surgiu. Isolda inclinou-se para saudá-lo, e como se erguesse, levantando a cabeça para ele, viu, projetada na cortina, a sombra da cabeça de Gondoine. Tristão disse-lhe:

— Estas tranças são de Denoalen. Vinguei-vos dele! Jamais comprará nem venderá escudo ou lança!

— Muito bem, senhor; mas encurvai este arco, por favor. Gostaria de ver se é fácil entesá-lo.

Tristão o curvou, sem compreender inteiramente. Tomou Isolda uma das flechas, prendeu-a à corda, viu que estava bem e disse, em voz baixa:

— Vejo coisa que não me agrada. Mirai bem, Tristão!

Ele tomou posição, levantou a cabeça e no alto da cortina viu a sombra da cabeça de Gondoine. Ele disse baixinho: "Que Deus dirija esta flecha!". Virou-se para a muralha e atirou. A longa flecha sibilou no ar. Esmerilhão ou andorinha não voam tão rápido. Furou o olho do traidor, atravessou-lhe os miolos como se fosse polpa de maçã e parou, vibrando, contra a parede do crânio. Sem um grito, Gondoine caiu sobre o chão, em cima de um chuço.

Disse então Isolda a Tristão:

— Os traidores sabem de nosso refúgio. Fugi. Andret ainda vive, ele contará para o rei. Não há mais segurança para vós na cabana do lenhador! Fugi, amigo. Perinis esconderá o corpo na floresta tão bem que o rei jamais dele terá notícias. Mas fugi desta terra, pela vossa salvação e pela minha.

Disse-lhe Tristão:

— Mas como poderei viver?

— Tendes razão, amigo Tristão, minha vida e a vossa estão entrelaçadas e tecidas uma na outra. E eu, como poderei viver? Meu corpo aqui fica, mas tens convosco meu coração.

— Isolda, amiga, vou partir não sei para que terra. Mas, se algum dia virdes o anel de jaspe verde, farás o que vos pedir por ele?

— Sim, se revir o anel de jaspe verde, nada me impedirá de cumprir a vontade de meu amigo, seja loucura, seja sensatez!

— Amiga, que Deus vos recompense!

— Amigo, que o Senhor Deus vos guarde!

E foi assim que os amantes se separaram...

❖

XIV
O guizo encantado

Tristão se refugiou em Gales, na terra do nobre Duque Gilain. O duque era jovem, forte, bondoso; deu-lhe boa acolhida. Para lhe dar honra e alegria, não poupou nenhum cuidado. Mas nem as aventuras, nem as festas puderam aplacar a angústia de Tristão.

Um dia, sentado junto ao jovem duque, tão apertado estava seu coração que suspirava, sem se dar conta. O duque, para lhe suavizar a mágoa, ordenou que trouxessem aos seus aposentos privados o seu jogo favorito, que, por sortilégio, nas horas tristes, distraía seus olhos e seu coração. Sobre mesa coberta de púrpura nobre e rica, deitaram, ao lado, seu cão Petit-Crû. Era um animal encantado. Vinha da ilha de Avallon; uma fada lho enviara como presente de amor. Ninguém poderia por palavras, ainda que hábeis, descrever-lhe natureza e beleza. O pelo era colorido de tão bem combinados matizes que se lhe não poderia dizer a cor: o pescoço parecia mais branco que a neve; seu traseiro mais verde que folha de trevo; um dos flancos vermelho, como escarlate; o outro, amarelo, como açafrão; o ventre era azul, como lápis-lazúli; o dorso rosado; mas, quando o contemplavam longamente, todas essas cores dançavam nos olhos e mudavam, ora brancas e verdes, ora amarelas, azuis e purpúreas; às vezes sombrias. Tinha no pescoço uma corrente de ouro que sustinha um guizo de som claro e doce: ao ouvi-lo, o coração de Tristão se enternecia, serenava, e seu sofrimento como que evaporava. Não se lembrava mais de tanta miséria padecida por sua rainha, porque era essa a maravilhosa virtude do guizo: o coração, ao ouvi-lo tinir tão suavemente, toda aflição esquecia. E enquanto Tristão, comovido pelo sortilégio, acariciava o animalzinho encantado que lhe tomava todas as mágoas e cujo pelo, ao toque da mão, parecia mais macio que brocado de *samit*, pensava que seria este um belo presente para Isolda. Mas que fazer? O Duque Gilain amava Petit-Crû mais do que tudo, e ninguém se atrevia a tentar obtê-lo por astúcia ou rogo.

Um dia, disse Tristão ao duque:

— Senhor, que daríeis a quem vos livrasse a terra do gigante Urgan, o Veludo, que de vós tão pesados tributos reclama?

— Eu deixaria o vencedor escolher entre minhas riquezas a mais preciosa. Mas ninguém ousaria atacar o gigante.

— Dizeis maravilhosas palavras — disse Tristão. — Mas o bem não sucede nunca a uma terra senão por aventuras, e por todo o ouro de Pavia não renunciaria eu ao desejo de combater o gigante.

— Então — disse o Duque Gilain —, que Deus vos acompanhe e vos defenda da morte.

Tristão atingiu o gigante no seu refúgio. Combateram furiosamente, monstro e homem. Enfim, a coragem triunfou sobre a força, a espada ágil venceu a clava pesada. Tristão cortou a mão direita de Urgan e levou-a ao duque.

— Senhor, por pagamento, como me prometestes, peço Petit-Crû, vosso cão encantado!

— Amigo, que pedido me fazeis! Toma, antes, minha irmã e a metade de minha terra.

— Senhor, é bela vossa irmã, e bela é vossa terra; mas foi para ganhar vosso cãozinho encantado que eu ataquei e venci Urgan. Lembrai-vos de vossa promessa!

— Tomai-o, pois, mas ficai sabendo que me tirais o deleite de meus olhos, a serenidade do coração!

Tristão confiou o cão a um trovador gaulês, sábio e astucioso, que, de sua parte, o levou a Cornualha. Ele alcançou Tintagel e, secretamente, confiou-o a Brangien. A rainha rejubilou-se imensamente e deu dez marcos de ouro ao trovador. Disse ao rei que a rainha da Irlanda, sua mãe, enviara-lhe aquele preciso presente. Mandou que um ourives fizesse uma casinha de ouro e pedrarias e, por toda a parte onde ia, levava o cãozinho consigo, como lembrança do amigo. E, cada vez que o olhava, a tristeza e o desespero tornavam-se amenos em seu coração.

Não compreendeu logo a maravilha. Julgava que o prazer que sentia em contemplá-lo se devia ao fato de ser um presente de Tristão. Certamente era a lembrança de seu amigo que adormecia sua dor. Mas um dia compreendeu que era sortilégio e que só o tinido do guizo lhe aprazia ao coração.

"Ah!", pensava ela, "Devo ter consolo, enquanto Tristão é infeliz? Ele poderia ter guardado o cão encantado e, assim, teria esquecido todo o pesar; por afeto, preferiu enviar-mo, dando-me felicidade e ficando com o sofrimento. Mas não é justo que assim seja. Quero sofrer tanto quanto ele!"

Pegou o guizo mágico, fê-lo tinir uma vez ainda e, docemente, o desprendeu; depois, lançou-o ao abismo, pela janela que se abria ao mar.

❖

XV
Isolda das Mãos Alvas

Separados, não podiam os amantes nem viver, nem morrer. Pelos mares, as ilhas, as terras, Tristão gostaria de fugir ao seu sofrimento. Reviu Loonnois, sua terra natal, onde Rohald o recebeu como filho, com lágrimas de ternura. Porém, não podendo viver no repouso de sua gente, Tristão prosseguiu por ducados e reinos, procurando aventuras. De Loonnois a Frísia, de Frísia a Gavoia, da Alemanha à Espanha, serviu a muito senhor, muitas façanhas realizou. Mas, durante dois anos, nenhuma notícia lhe chegou da Cornualha, nenhum amigo, nenhum mensageiro.

Então, chegou a acreditar que Isolda dele se desligara e o havia esquecido. Ora, sucedeu que um dia, cavalgando com Gorvenal, entrou em terras da Bretanha. Atravessaram uma planície devastada e por toda parte se viam muros arruinados, aldeias sem habitantes, campos devastados pelo fogo, os cavalos pisavam por sobre carvões e cinzas. No campo deserto, Tristão pensou: "Estou cansado e desanimado. De que me servem estas aventuras? Minha amiga está longe, e nunca mais tornarei a vê-la. Faz dois anos que nada sei dela. Por que não mandou me chamar nos lugares onde andei? Nem um sinal de vida e preocupação. Em Tintagel, o rei a honra e a serve; vive feliz. Certamente o guizo do cão foi eficaz. Esquece-me e pouco lhe importam as tristezas e os prazeres de outrora; pouco lhe importa o desafortunado que vaga por esta terra desolada. E eu não esquecerei jamais aquela que me esquece? Não acharei quem me cure de minha dor?".

Durante dois dias, Tristão e Gorvenal passaram campos e burgos, sem ver homem nem animal. No terceiro dia, à hora nona, aproximaram-se de uma colina, onde havia uma capela e, nas proximidades, a pousada de um eremita. Este não vestia roupas tecidas, mas uma pele de cabra, com farrapos de lã, sobre o corpo. Ajoelhado, joelhos e braços nus, ele invocava à Maria Madalena que lhe inspirasse preces salutares. Deu boas-vindas aos peregrinos e, enquanto Gorvenal tratava dos cavalos, tirou as armas de Tristão e depois cuidou da refeição. Não lhes deu comidas delicadas, mas pão de cevada, amassado com cinza e água da fonte. Depois de comerem, como a noite houvesse chegado, e eles estivessem sentados perto do fogo, Tristão perguntou qual era aquela terra arruinada.

— Bom senhor — disse o eremita —, é terra da Bretanha; pertence ao Duque Hoël. Antigamente era uma bela região, rica em prados e terras de lavoura. Havia moinhos, macieiras, quintas. Mas o Conde Riol de Nantes fez muito dano por aqui; seus forrageadores puseram fogo em tudo, levando o gado. Seus homens enriqueceram por aqui. Assim é a guerra.

— Irmão — disse Tristão —, por que o Conde Riol odeia a tal ponto Hoël, vosso senhor?

— Senhor, o motivo da guerra é o seguinte: Riol era vassalo de Hoël. Ora, o Duque tem uma filha, a mais bela entre as filhas dos homens ricos, e o Conde Riol a queria desposar. O pai recusou dá-la ao vassalo, e o conde tentou tomá-la por força. Muitos homens morreram por causa disso.

Tristão perguntou:

— O Duque Hoël ainda consegue sustentar sua guerra?

— Com muita dificuldade, senhor. Carhaix, seu último castelo, ainda resiste. As muralhas são fortes, e forte é o coração do filho do duque, Kaherdin, bom cavaleiro. Mas o inimigo os oprime pela fome: poderão resistir muito tempo?

Tristão quis saber a que distância ficava o castelo de Carhaix.

— Umas duas milhas apenas.

Separaram-se e dormiram. Quando amanheceu, logo que o eremita cantou e com eles partilhou o pão de cevada e de cinza, Tristão despediu-se do bom homem e cavalgou para Carhaix.

Quando parou ao pé das muralhas fechadas, viu uma tropa de homens em ronda e perguntou pelo duque. Hoël estava entre os homens, com seu filho Kaherdin. Deu-se a conhecer, e Tristão lhe disse:

— Sou Tristão, rei de Loonnois, e Marcos, rei da Cornualha, é meu tio. Soube que vossos vassalos estão causando danos a vós e vim oferecer-vos meu serviço.

— Ah, senhor Tristão, segui vosso caminho, e que Deus vos recompense! Como vos acolher aqui dentro? Não temos mais provisões, trigo; só favas e cevada para não morrer de fome.

— Que importa? — disse Tristão. — Eu vivi na floresta durante dois anos, de ervas, raízes, caça, e achei boa essa vida. Mandai que me abram a porta.

Ao que Kaherdin respondeu:

— Recebei-o, pai, uma vez que tem tanta coragem, a fim de que tome parte em nossas penas e trabalhos.

Acolheram-no de modo respeitoso. Kaherdin fê-lo visitar as fortes muralhas e a torre principal, bem cercada de praças de armas, com estacas, onde se emboscavam os besteiros. Dos eirados e dos miradouros, fez-lhe ver na, planície, até nos longes, as tendas e os pavilhões do Conde Riol. Quando voltaram à entrada do castelo, disse Kaherdin a Tristão:

— Agora, bom amigo, subiremos à sala onde se encontram minha mãe e minha irmã. Entraram nos aposentos das damas. As duas estavam sentadas sobre uma colcha, ornavam com recamos de ouro um paramento eclesiástico da Inglaterra, ao som de cantigas de tecelão, que contavam como a bela Doette, exposta ao vento, sob o pilriteiro, esperava, cheia de saudade, Doon, seu amigo, que tanto custava a chegar. Tristão saudou-as, e elas, a ele. Depois os dois cavaleiros sentaram-se perto das damas. Kaherdin disse, mostrando a estola que a mãe bordava:

—Vede, bom amigo Tristão, que hábil é minha mãe. Como sabe ornar maravilhosamente estolas e casulas para dar a mosteiros pobres! E vede como as mãos de minha senhora irmã fazem correr fios de ouro por este tecido branco veneziano! — Por Deus, bela irmã, é justo o nome que tendes: Isolda das Mãos Alvas!

Então, ao conhecer o nome dela, Tristão sorriu e a considerou com mais ternura. Ora, o Conde Riol tinha posto seu campo a três milhas de Carhaix, e havia muitos dias os homens do Duque Hoël não ousavam mais franquear as barreiras para atacá-lo. No dia seguinte, Tristão, Kaherdin e 12 jovens cavaleiros saíram de Carhaix vestindo lorigas e elmos enlaçados e cavalgaram sob a floresta de pinheiros até as proximidades das tendas inimigas. Depois, abandonando a emboscada, pegaram um carro do Conde Riol. A partir desse dia, variando de artimanhas e proezas, derrubavam tendas mal guardadas, atacavam comboios, matavam inimigos e nunca voltavam a Carhaix sem alguma presa. Por isso, Tristão e Kaherdin começaram a dedicar confiança e ternura um ao outro e juraram amizade e companheirismo. Nunca traíram este pacto, como vos dirá a história.

Ora, quando eles voltavam dessas entradas em campo inimigo, falando de cavalaria e de aventuras, muitas vezes Kaherdin louvava ao companheiro sua irmã Isolda das Mãos Alvas, a simples, a bela.

Certa manhã, quando rompeu a aurora, desceu apressadamente uma sentinela da torre e correu pelas salas, gritando:

— Senhores, dormistes muito! Levantai-vos: Riol nos vem atacar!

Cavaleiros e burgueses se armaram e correram às muralhas. Viram brilhar na planície os elmos, flutuar os pendões de cendal e toda a hoste de Riol que avançava em boa formação. O Duque Hoël e Kaherdin travaram logo, diante das portas, as primeiras batalhas de cavaleiros. Quando chegaram ao alcance do tiro de arco, meteram as pernas aos cavalos, lanças baixas, e sobre eles as flechas caiam, como chuva de abril.

Mas Tristão se armava com aqueles que a sentinela por último despertara. Amarrou os calções, vestiu o brial, as caneleiras estreitas e as esporas de ouro; pôs a loriga, fixou o elmo na parte inferior, e, com a armadura luzindo, esporeou o cavalo até a planície, onde surgiu com o escudo embraçado contra o peito, bradando "Carhaix!". Em breve os homens de Hoël recuaram para as muralhas. Então foi grande a confusão dos cavalos caídos, dos vassalos feridos, dos golpes desferidos pelos jovens cavaleiros, e a relva que sob os pés de seus cavalos ia ficando vermelha. Na frente de todos, Kaherdin bravamente estacou, ao ver que arremetia contra ele um valente barão, o irmão do Conde Riol. Os dois se encontraram, as lanças baixas. O Conde de Nantes despedaçou a sua lança sem abalar Kaherdin, que de golpe mais certeiro quebrou o escudo do adversário, e o ferro polido lhe fincou no flanco. O cavaleiro foi levantado da sela e caiu do cavalo. Ao grito que deu, seu irmão, o Conde Riol, lançou-se contra Kaherdin. Mas Tristão lhe barrou a passagem. Quando eles se encontraram, a lança de Tristão despedaçou em suas mãos, e a de Riol, encontrando o peito do cavalo do adversário, penetra-lhe nas carnes e o estende morto sobre a relva. Tristão logo se levanta e, brandindo a espada luzente, diz-lhe:

— Covarde! Má morte ao que deixa o cavaleiro, para ferir o cavalo! Não saireis vivo deste prado!

— Vós mentis! — disse Riol, lançando contra ele seu cavalo.

Mas Tristão esquivou-se ao encontro e, levantando o braço, fez cair pesadamente a lâmina sobre o elmo de Riol, quebrando-lhe o círculo; a lâmina deslizou do ombro do cavaleiro ao flanco do cavalo, que cambaleou e, por seu turno, caiu. Riol conseguiu desvencilhar-se dele e levantou-se; em pé, os dois, o escudo fendido, a loriga desfiada, eles se atacaram. Finalmente, Tristão feriu Riol em cima do elmo. O círculo cedeu, e o golpe foi tão duramente brandido que o barão caiu sobre os joelhos e as mãos.

— Levantai, se podeis, vassalo — gritou-lhe Tristão —, em má hora viestes a este campo; deveis morrer.

Riol se pôs em pé, mas Tristão o abateu de um golpe que lhe fendeu o elmo, cortou o forro e descobriu o crânio.

Riol implorou misericórdia, rendeu-se, e Tristão recebeu-lhe a espada. Tomou-a a tempo, porque de todos os lados os nanteses acorreram para socorrer o senhor. Mas de que lhes valeu isso? O senhor deles já havia capitulado.

Prometeu Riol submeter-se à prisão do Duque Hoël e lhe jurar de novo fidelidade e vassalagem, de restaurar burgos e aldeias queimadas. Por sua ordem, cessou a batalha, e sua hoste afastou-se.

Quando os vencedores entraram em Carhaix, Kaherdin disse a seu pai:

— Senhor, chamai Tristão e retende-o; não há melhor cavaleiro, e vossa terra tem necessidade de um barão de tal coragem.

Havendo tomado conselho de seus homens, o Duque Hoël chamou Tristão.

— Amigo, todo amor que eu pudesse lhe dedicar seria pouco, uma vez que me conservastes esta terra. Quero, por isso, estar quites convosco. Minha filha, Isolda das Mãos Alvas, vem de duques, reis e rainhas. Tomai-a, eu vô-la dou.

— E eu, senhor, a recebo.

Ah, senhores, por que ele disse isso? Por essas palavras, ele morreu.

O dia foi marcado. Quando chegou o dia, o duque veio com seus amigos. Tristão veio com os seus. O capelão cantou a missa. Diante de todos, na porta do mosteiro, conforme a santa lei da Igreja, Tristão recebeu por esposa a Isolda das Mãos Alvas. Foram grandes e ricas as núpcias.

Tendo chegado a noite, quando os homens de Tristão o despojaram de suas vestes, ocorreu que, retirando a manga muito apertada de seu brial, eles fizeram cair de seu dedo o anel de jaspe verde, o anel de Isolda, a Loura, o qual fez um som claro nas lajes. Tristão o viu. E, então, o antigo amor veio à tona, e ele reconheceu seu erro.

Lembrou-se do dia em que Isolda, a Loura, lhe dera esse anel. Estavam na floresta, onde, por ele, vivera ela uma vida penosa. E deitado junto da outra Isolda, veio à sua lembrança a cabana do Morois. Por que, em seu coração, havia acusado sua amiga de traição? Mas, não, ela sofria por ele toda miséria, e ele a havia traído. Todavia, ele também se apiedava de Isolda, sua mulher, a simples, a bela. As duas Isoldas o haviam amado, em má hora. A ambas havia mentido a sua fidelidade.

Isolda das Mãos Alvas admirava-se de o ver suspirar, estendido ao seu lado. Então, ela lhe disse, um tanto embaraçada:

— Caro senhor, em alguma coisa vos ofendi? Por que não me dais um só beijo? Dizei-me a minha culpa, e eu me desculparei.

— Amiga — disse Tristão —, não vos zangueis, mas eu fiz um voto. Outrora, em outra terra, combati um dragão e ia morrer, quando me lembrei da mãe de Deus, e prometi-lhe que, libertado do monstro por sua cortesia, se alguma vez tomasse esposa, por um ano me absteria de beijá-la e abraçá-la.

— Pois que seja — disse Isolda das Mãos Alvas —, vou suportar de bom grado.

Mas, quando as servas, pela manhã, lhe ajustaram o véu das mulheres casadas, ela sorriu tristemente e pensou que não tinha direito a esse adorno.

Vereis, senhores, que todos os crimes são perdoados, menos os crimes contra o amor...

❖

XVI

Kaherdin

Passados alguns dias, o Duque Hoël, seu senescal e todos os seus caçadores, Tristão, Isolda das Mãos Alvas e Kaherdin saíram juntos do castelo para caçar na floresta. Em caminho estreito, Tristão cavalgava à esquerda de Kaherdin, que, de sua mão direita, retinha as rédeas do palafrém de Isolda das Mãos Alvas. Aconteceu que o cavalo tropeçou numa poça da estrada. A pata do animal espalhou água tão alto que molhou as vestes de Isolda, tanto que ela sentiu frio acima do joelho. Ela deu um pequeno grito e, de uma esporeada, fez avançar o corcel. Depois deu uma risada tão alta e clara, que Kaherdin, correndo após ela e a havendo alcançado, perguntou-lhe:

— Boa irmã, por que ris?

— Por uma ideia que me veio, bom irmão. Quando a água caía sobre mim, disse-lhe: "És mais ousada que o ousado Tristão!". Foi disso que ri. Ah, mas falei demais e me arrependo.

Kaherdin, admirado, não a deixou sossegada enquanto ela não lhe contou sobre as núpcias. Então chegou Tristão, e os três cavalgaram em silêncio até a casa de caça. Kaherdin disse a Tristão:

— Senhor Tristão, minha irmã confessou-me a verdade de suas núpcias. Eu vos considerava um igual, mas faltastes à vossa fidelidade e ofendestes minha parentela. Agora, se não me dais satisfação, eu vos desafio.

— Sim, cheguei a vós — respondeu Tristão —, para vossa desgraça. Mas deixai que vos conte minha miséria, bom amigo e irmão, e talvez se abrande teu coração. Eu tenho outra Isolda, a mais bela de todas as mulheres, que sofreu muitas penas por mim e sofre ainda. Por certo vossa irmã me ama e me honra, mas, por amor de mim, a outra Isolda trata, com mais consideração ainda que tua irmã me trata, um cão que lhe dei. Vinde; deixemos esta caça, segue-me onde vos levar; vou vos contar a miséria de minha vida.

Tristão virou as rédeas e esporeou o cavalo. Kaherdin dirigiu o seu, em seguida. Sem palavra, correram até o mais profundo da floresta. Lá contou Tristão sua história a Kaherdin. Disse-lhe como, no mar, bebera o amor e a morte; disse-lhe da traição dos barões e do anão, da rainha levada à fogueira, entregue aos leprosos e seus amores na floresta; como a havia devolvido ao Rei Marcos e como, tendo fugido dela, havia querido amar Isolda das Mãos Alvas; mas, como sabia agora, não podia viver nem morrer sem a rainha.

Kaherdin, calado, ficou admirado. Sentiu, contudo, que sua cólera se aplacara.

— Amigo — disse ele finalmente —, estou ouvindo coisas maravilhosas, e meu coração se comove pelas penas que sofrestes. Que Deus nos guarde delas! Voltemos para Carhaix; no terceiro dia, se puder, dir-vos-hei meu pensamento.

Em seus aposentos, em Tintagel, Isolda, a Loura, suspirava por causa de Tristão, a quem chamava. Amava-o sempre, não esperava nem queria outra coisa. Nele estava todo o seu desejo. Fazia dois anos que não tinha notícia dele. Onde estava? Em que terra? Viveria ainda?

Em seus aposentos, Isolda a Loura estava sentada cantando uma triste trova de amor, que falava de como Guron foi surpreendido e morto por amor da sua dama, que sobre todas as coisas amava, e como por maldade o conde deu o coração de Guron para a condessa comer, e a dor que por isso ela teve.

Cantava a rainha docemente, e sua voz se unia à da harpa. Suas belas mãos, o tom baixo e a voz doce...

Kariad, rico conde de uma ilha longíngua, veio a Tintagel oferecer à rainha o seu serviço e muitas vezes, após a partida de Tristão, fez-lhe propostas de amor. Mas a rainha repelia seu pedido como se fosse ato de loucura. Ele era um belo cavaleiro, orgulhoso e altivo, bem falante, porém valia mais no quarto das damas que na batalha. Ele chegou quando Isolda cantava a sua trova e lhe disse, sorrindo:

— Senhora, que triste canto, triste como o da águia marinha! Não se diz que a águia marinha canta para anunciar a morte? É sem dúvida minha morte que anuncia vossa trova, pois morro de amor por vós!

— Bem gostaria — disse Isolda — que meu canto significasse

vossa morte, pois nunca viestes aqui dentro sem me trazer triste nova. Sempre me fostes a águia marinha ou o mocho para dizer mal de Tristão. Que má notícia me trazei hoje?

Kariad respondeu:

— Rainha, estais irritada e não sei a razão: mas bem louco será o que se comover com as vossas palavras! Seja lá o que acontecer com a morte que anuncia a águia marinha, eis a má notícia que o mocho vos traz: Tristão, vosso amigo, está perdido para vós, senhora. Casou-se em outra terra. Doravante deveis vos prover alhures, pois ele desdenhou vosso amor. Esposou, com grande honra, Isolda das Mãos Alvas, a filha do duque da Bretanha.

Kariad partiu, contrafeito. Isolda, a Loura, abaixou a cabeça e começou a chorar.

No terceiro dia, Kaherdin chamou Tristão.

— Amigo, aconselhei-me com meu coração. Sim, se me contastes a verdade, a vida que nesta terra levais é miserável e louca, e disso bem nenhum pode vir para vós e para minha irmã Isolda das Mãos Alvas. Assim, pois, ouvi minha proposta. Viajaremos para Tintagel; revereis a rainha e vos certificareis se ela tem saudades de vós e se é fiel. Se vos esqueceu, talvez então fiqueis querendo Isolda minha irmã, a Simples e Bela. Acompanhar-vos-ei: somos ou não iguais?

— Irmão — disse Tristão —, é certo o que se diz: "o coração de um homem vale todo o ouro da terra".

Logo, Tristão e Kaherdin pegaram a capa e o cajado de peregrinos, como se fossem visitar corpos santos em terras distantes. Despediram-se do Duque Hoël. Tristão levou Gorvenal, e Kaherdin levou um só escudeiro. Secretamente equiparam uma nau e navegaram para a Cornualha.

O vento foi-lhes favorável; navegaram tanto que uma manhã, antes do nascer do sol, surgiram, não longe de Tintagel, em angra deserta, vizinha do castelo de Lidan. Sem dúvida Dinas, o bom senescal, lhes daria abrigo e manteria segredo sobre sua chegada.

Ao amanhecer, os dois companheiros subiam a Lidan quando viram vir, atrás deles, um homem que seguia o mesmo caminho. Lançaram-se a um arvoredo, mas o homem passou sem os ver, porque na sela dormitava. Tristão o reconheceu. Ele disse a Kaherdin:

— Irmão, é Dinas de Lidan. Está dormindo. Sem dúvida está voltando da casa de sua amiga e ainda sonha com ela. Não seria cortês despertá-lo. Segui um pouco atrás.

Ele alcançou Dinas, tomou docemente o cavalo pela rédea e

caminhou, sem ruído, ao lado dele. Finalmente, um mau passo fez tropeçar o cavalo e acordou o que dormia. Ele abriu os olhos, viu Tristão, hesitou e disse:

— Sois vós, Tristão? Deus bendiga esta hora em que vos torno a ver. Quanto tempo vos esperei!

— Amigo, Deus vos salve! Que novas me dais de Isolda?

— Ah, não tenho boas notícias. O rei a ama e a deseja festejar, mas depois do teu exílio ela definha e chora por vós. Ah, por que voltar para junto dela? É para buscar a vossa morte e a dela? Tristão, tende piedade da rainha! Deixai-a em paz!

— Amigo — disse Tristão —, concedei-me um pedido. Escondei-me em Lidan, levai-lhe minha mensagem e fazei que eu a veja ainda uma vez, uma só vez.

Dinas respondeu:

— Tenho piedade de minha senhora, não quero entregar vossa mensagem se souber que ela não se conservou querida de vós, acima de todas as mulheres.

— Ah, senhor, dizei-lhe que ela me é querida, acima de todas as mulheres, e será verdade.

— Então, segui-me Tristão. Eu vos ajudarei.

Em Lidan, o senescal os hospedou muito bem. Quando Tristão lhe contou toda a aventura de sua vida, Dinas foi para Tintagel a fim de saber notícias da corte. Soube que dali a três dias, a Rainha Isolda, o Rei Marcos, toda a sua mesnada, todos os seus escudeiros e caçadores, iam estabelecer-se no castelo da Charneca Branca, onde se preparavam grandes caçadas. Tristão confiou ao senescal seu anel de jaspe verde e a mensagem que devia levar à rainha.

❖

XVII
Dinas de Lidan

Dinas voltou, portanto, a Tintagel, subiu os degraus e entrou na sala. Sob o dossel, o Rei Marcos e Isolda, a Loura, estavam jogando xadrez. Dinas sentou-se em um escabelo, perto da rainha, como para observar o jogo, e por duas vezes, fingindo indicar-lhe as peças, pôs a mão sobre o tabuleiro: na segunda vez Isolda reconheceu, no dedo dele, o anel de jaspe. Então, parou a partida. Tocou o braço de Dinas, de maneira que muitos peões caíram, em desordem.

— Vede, senescal — disse ela —, atrapalhastes o meu jogo e agora não o posso continuar.

Marcos deixou a sala, Isolda se retirou em seus aposentos e mandou vir o senescal para junto dela.

— Amigo, sois mensageiro de Tristão?

— Sim, ele está em Lidan, escondido no meu castelo.

— É verdade que ele se casou na Bretanha?

— Disseram-vos a verdade, rainha. Mas ele garante que não vos traiu; que não cessou de vos querer nem um dia; que morrerá se não vos tornar a ver uma vez apenas; pede-vos isso em nome da promessa que lhe fizestes no último dia em que vos falou.

Calou-se a rainha algum tempo, pensando na outra Isolda. Finalmente respondeu:

— Sim, no último dia em que me falou eu lhe disse que nada me faria que eu não o fosse ver se tornasse a ver o anel de jaspe verde, fosse loucura, fosse sensatez.

— Daqui a dois dias a corte deve deixar Tintagel, para ir a Charneca Branca.Tristão vos avisa que estará escondido no caminho, num arvoredo de espinhos. Pede-vos que tenhais piedade dele.

— Já disse que nada me impedirá de fazer a vontade de meu amigo.

Dois dias depois, quando toda a corte do Rei Marcos se preparava para deixar Tintagel, Tristão e Gorvenal, Kaherdin e seu escudeiro vestiram a loriga, tomaram a espada e os escudos e, por caminhos secretos, dirigiram-se ao lugar marcado. Pelo bosque, duas vias conduziam à Charneca Branca. Uma era bela e bem calçada, e a outra, pedregosa e abandonada. Tristão e Kaherdin puseram nesta seus dois escudeiros; eles os esperariam neste ponto, guardando cavalos e escudos. Então, os dois deslizaram sob a floresta e se esconderam na sebe de espinheiro. Diante desse arvoredo, Tristão depôs um ramo de aveleira, no qual um ramo de madressilva se enlaçava.

Logo o cortejo apareceu na estrada. À frente, vinha a tropa do Rei Marcos. Vinha em perfeita ordem os furriéis e os marechais, os cozinheiros e os copeiros, os capelães, os tratadores de cães, trazendo galgos e perdigueiros, depois os falcoeiros com as aves de presa sobre o punho esquerdo; depois os caçadores, os cavaleiros e os barões; eles vinham seguindo bem postos, dois a dois; uma esplêndida visão, ricamente montados em cavalos ajaezados de veludo, cravejado de pedraria. Depois, passou o Rei Marcos, e Kaherdin ficou maravilhado em ver seus íntimos junto dele, todos vestidos de ouro e escarlate.

A seguir, vem o cortejo da rainha. As lavandeiras e as camareiras à frente, depois as damas e as donzelas, as esposas e as filhas de condes e de barões. Passam uma por uma, com um jovem cavaleiro as escoltando. Enfim, aparece um palafrém, montado pela mais bela dama que Kaherdin jamais vira: ela é benfeita de corpo, de rosto, as ancas um tanto baixas, as sobrancelhas bem traçadas, os olhos risonhos, os dentes miúdos; veste um vestido rubro de *samit*; delgado rosário de ouro e gemas adornam-lhe a fronte límpida.

— É a rainha? — indagou Kaherdin, em voz baixa.

— A rainha? — disse Tristão—, não; é Camile, sua serva.

Então, vem num palafrém branco uma outra moça, mais branca que a neve no inverno, mais rosada que a rosa no estio; os olhos claros brilham como a estrela na fonte.

— Ora, esta é a rainha! — disse Kaherdin.

— Não! — respondeu Tristão — é Brangien, a Fiel.

Mas tudo resplandeceu com a chegada da rainha, através da folhagem das grandes árvores, e Isolda, a Loura, apareceu. O Duque Andret — que Deus o abomine! — cavalgava à sua direita.

Nesse instante, partiram da sebe de espinhos cantos de toutinegras e cotovias, e Tristão nessas melodias pôs toda a sua ternura. Ela nota sobre o chão o ramo de aveleira no qual se enlaçara fortemente a madressilva e pensa: "Assim é conosco, amigo, nem vós sem mim, nem eu sem vós". Fez parar o palafrém, desceu, dirigiu-se para um cavalinho que trazia um nicho adornado de pedrarias; ali, sobre um tapete de púrpura, estava deitado o cão Petit-Crû. Tomou-o nos braços, acariciou-o. Depois, tendo-o reposto no seu relicário, voltou-se para o arvoredo de espinhos e disse, em voz alta:

— Pássaros deste bosque, que me tendes divertido com as vossas canções, eu vos contrato. Enquanto meu Senhor Marcos cavalga até Charneca Branca, vou ficar em meu castelo de Saint-Lubin. Pássaros, fazei-me cortejo até lá: esta noite, vos recompensarei ricamente, como a bons menestréis.

Tristão reteve essas palavras e rejubilou-se. Mas Andret, o Traidor, já estava desconfiado. Ele repôs a rainha na sela, e o cortejo seguiu seu caminho.

Escutai uma desaventura. No momento em que o cortejo real passava, lá longe, no outro caminho em que Gorvenal e o escudeiro de Kaherdin guardavam os cavalos de seus senhores, um cavaleiro armado surgiu. Seu nome era Bleheri. De longe, reconheceu Gorvenal e o escudo de Tristão. Esporeou o cavalo contra eles e gritou: "Tristão!". Mas os dois escudeiros já haviam fugido. Bleheri, correndo após eles, repetia:

— Tristão, para, pela tua coragem!

Mas os escudeiros não voltaram. Então Bleheri gritou:

— Tristão! para em nome de Isolda, a Loura!

Três vezes aos fugitivos pediu que parassem em nome de Isolda, a Loura. Mas foi em vão, eles desapareceram, e Bleheri só pôde alcançar um cavalo, que tomou como presa. Chegou no castelo de Saint-Lubin, no momento em que a rainha se instalava. E, achando-a só, disse:

— Rainha, Tristão está na terra. Eu o vi, no caminho velho que vem de Tintagel. Fugiu de mim. Três vezes lhe gritei que parasse em nome de Isolda, a Loura; mas ele teve medo e não ousou esperar-me.

— Bom senhor, dizeis mentira e loucura. Como Tristão estaria por aqui? Como fugiria diante de vós? Como não pararia em meu nome?

— Não obstante, senhora, eu o vi. A prova pode ser dada pelas insígnias que tomei de um dos seus cavalos. Vede-o, todo ajaezado, ali, na área.

Bleheri viu que Isolda ficara contrafeita. Teve pena, porque amava Tristão e a rainha. Ele a deixou, lastimando-se por haver falado.

Então, Isolda chorou e disse:

— Desafortunada! Vivi demais, pois vi o dia em que Tristão me despreza e me avilta! Antes, que inimigo não ousaria enfrentar em meu nome? Ele, ousado por natureza, fugiu diante de Bleheri, não se dignou a parar ao nome de sua amiga. É porque a outra Isolda o tem! Por que voltou ele? Atraiçoou-me e quis, além disso, escarnecer de mim. Não lhe bastaram meus antigos tormentos? Que ele volte, pois, escarnecido, por sua vez, para Isolda das Mãos Alvas!

Chamou Perinis, o Fiel, e lhe disse as novas que Bleheri tinha trazido.

— Amigo — disse ela —, procurai Tristão no caminho velho que vai de Tintagel a Saint-Lubin. Diz a ele que eu não o saúdo, e que ele não ouse aproximar-se de mim, porque o faria escorraçar pelos servos.

Perinis se pôs à procura, até que achou Tristão e Kaherdin. Transmitiu-lhe a mensagem da rainha.

— Irmão — exclamou Tristão —, que dissestes? Como teria eu fugido diante de Bleheri? Como vedes, não temos sequer os nossos cavalos. Gorvenal os guardava, não os achamos no lugar marcado e ainda os estamos procurando.

Nesse instante, chegaram Gorvenal e o escudeiro de Kaherdin, os quais contaram a aventura.

— Perinis, bom amigo — disse Tristão —, vade depressa até a rainha. Dizei-lhe que lhe envio paz e amor e que não faltei à lealdade que lhe devo; que ela me é querida acima de todas as mulheres; que por vós me mande a sua misericórdia. Esperarei até que tornes.

Voltou, pois, Perinis para a rainha e lhe disse o que tinha visto e ouvido. Porém, ela não quis acreditar.

— Ah, Perinis, éreis meu íntimo e meu fiel servo; meu pai vos havia destinado, desde criança, a me servir. Mas Tristão, o Feiticeiro, ganhou-vos por mentiras e presentes. Também me traístes. Sai daqui!

Perinis ajoelhou-se.

— Senhora, ouço duras palavras. Nunca tive tanta tristeza em minha vida. Mas não me importo por mim; é da senhora que tenho pena, que ultrajais meu senhor Tristão. Mas é tarde demais, vós ireis vos arrepender!

— Sai daqui, não acredito em vós! Também vós, Perinis, o Fiel, também vós me atraiçoastes!

Longamente, esperou Tristão o perdão da rainha por Perinis. Perinis, porém, não voltou.

Pela manhã, Tristão vestiu uma grande capa esfarrapada. Pintou no rosto manchas de vermelhão e casca verde de nozes para se assemelhar a enfermo roído de lepra. Tomou nas mãos uma vasilha de madeira para recolher esmolas e uma matraca de leproso.

Entrou nas ruas de Saint-Lubin e, mudando a voz, mendigava aos que passavam por lá. Poderia ao menos ver a rainha? Ela saiu, enfim, do castelo; Brangien e suas damas, seus pagens e suas servas a seguiam. Tomaram o caminho que leva à igreja. O leproso acompanhava o séquito, batia a matraca, suplicava em voz magoada:

— Rainha, fazei-me algum bem; não sabeis como sou necessitado!

Pelo seu belo corpo e sua estatura, Isolda o reconheceu. Estremeceu, mas não se dignou abaixar o olhar sobre ele. O leproso implorava, e dava pena ouvi-lo; ele se arrastava após ela.

— Rainha, se ouso aproximar-me de vós, tende compaixão de mim, que o mereço!

Mas a Rainha chamou seus servos e seus pajens:

— Expulsai este leproso!

Os servos o repeliram e bateram nele. Ele resistiu e gritou:

— Rainha, tende piedade!

Isolda soltou uma gargalhada. Seu riso ressoava ainda, quando ela entrou na igreja. Quando a ouviu rir, o leproso foi-se embora; a rainha deu alguns passos na nave do mosteiro; depois, seus membros dobraram, e ela caiu de joelhos, a face contra o chão, os braços em cruz.

No mesmo dia, Tristão se despediu de Dinas com tal desconsolo que parecia haver perdido o juízo, e sua nau rumou para a Bretanha.

Logo, a rainha se arrependeu. Quando soube que Tristão partira em tal estado, acreditou que Perinis lhe dissera verdade e que Tristão não havia fugido quando falaram em seu nome; soube, então, que ingratamente o escorraçara: "Que fiz!", pensava ela, "eu vos enxotei, Tristão, amigo! Agora me odiais, e eu não vos tornarei a ver. Jamais sabereis ao menos de meu arrependimento, nem que castigo me quero impor para vô-lo oferecer como mínimo penhor de meu remorso!".

Desde esse dia, para se punir de seu erro e de sua loucura, Isolda, a Loura, vestiu um cilício e o trouxe contra a carne.

❖

XVIII

Tristão louco

Tristão viu novamente a Bretanha, Carhaix, o Duque Hoël e sua esposa, Isolda das Mãos Alvas. Todos lhe receberam bem, mas Isolda, a Loura, o expulsara: isso a havia arrasado. Definhava longe dela; mas certo dia cuidou que a queria tornar a ver, ainda que ela o mandasse bater, vilmente, por seus pajens e seus servos. Longe dela, era certa a morte, e próxima. Antes morrer de uma vez, que devagar, dia a dia. Quem em tal dor vive já é morto. Que ao menos a rainha saiba que, por causa dela, morreu; que o saiba, e ele terá consolo de mais suavemente morrer.

Sem avisar ninguém, partiu de Carhaix. Não disse nada nem a seus parentes, nem a seus amigos, nem mesmo a Kaherdin, seu querido companheiro. Partiu miseravelmente vestido, a pé: porque ninguém atenta no pobre mendigo que vai pelos caminhos. Caminhou assim, até alcançar a praia do mar.

No porto, grande nau mercante se preparava para partir. Os marinheiros já içavam a vela e levantavam âncora para ganhar o alto-mar.

— Deus vos proteja, senhores, e que possais navegar com bom tempo! A que terra ides?

— A Tintagel.

— A Tintagel! Ah, senhores, levai-me!

Embarcou. Vento propício encheu a vela, e a nau singrou sobre as águas. Cinco dias e cinco noites navegava rumo à Cornualha; no sexto dia surgiu no porto de Tintagel. Além da angra, erguia-se o castelo sobre o mar, bem fechado por todos os lados; só se podia entrar por uma porta de ferro, que dois homens de confiança dia e noite guardavam. Como penetrar ali?

Tristão saiu para terra e sentou-se na praia. Por um homem que passava, soube que o Rei Marcos estava no castelo e que ali se reunira uma corte havia pouco.

— Mas onde está a rainha? E Brangien, sua bela aia?

— Também estão em Tintagel, e as vi recentemente; vive triste a Rainha Isolda, como é seu costume.

Ao ouvir o nome de Isolda, Tristão suspirou e cuidou que nem por astúcia, nem por coragem poderia rever sua amiga, pois o Rei Marcos matá-lo-ia.

"Mas que importa que me mate?", pensou, "Isolda, não devo morrer por vosso amor? E que faço, cada dia, senão ir morrendo? Mas vós, entretanto, Isolda, se soubésseis que estou aqui, concederíeis, ao menos, falar a vosso amigo? Não me faríeis enxotar por vossos servos? Sim, quero tentar uma astúcia. Em louco me disfarçarei, e essa loucura será grande sensatez. Aquele que me julgar louco será ainda mais louco que eu; aquele que me acreditar louco será mais louco do que eu."

Vinha chegando um pescador, vestido de uma cota de burel felpudo e usando um grande chapéu. O amor e a necessidade estimulam o engenho... Tristão o viu, fez-lhe um sinal e chamou-o de lado.

— Amigo, queres trocar tuas vestes pelas minhas? Dá-me tua cota, que me apraz.

O pescador olhou as roupas de Tristão, achou-as melhores que as próprias, logo as tomou e foi-se apressado, contente com a troca.

Tristão, então, cortou sua bela cabeleira loura rente com a pele, desenhando uma cruz no couro cabeludo. Untou a face com licor feito de uma erva mágica, trazida de sua terra, e logo cor e aspecto do rosto tanto mudaram que ninguém o poderia mais reconhecer. Arrancou um rebento de castanheiro, fez uma clava e dependurou-a ao pescoço; a pés nus para o castelo se dirigiu.

O guarda supôs que ele fosse um louco e lhe disse, penalizado:

— Aproxima-te; por onde andaste tanto tempo?

Tristão mudou a voz e respondeu:

— Nas núpcias do padre do Monte, que é meu amigo. Casou-se com uma abadessa, uma dama gorda que usava muitos véus. De Bensançon até a Montanha, todos os padres, abades, monges e clérigos ordenados foram ao casamento, e todos, lá na praia, com bastões e crossas, brincam e dançam, à sombra de grandes árvores. Mas eu os deixei para vir aqui, porque hoje devo servir à mesa do rei.

Disse-lhe o guarda, zombando:

— Entrai, pois, senhor, filho de Urgan, o Peludo, sois grande e veloso como ele e vos pareceis bastante com vosso pai.

Quando ele entrou no burgo, brincando com a sua clava, servos e escudeiros agruparam-se à passagem, perseguindo-o como a um animal.

— Vede o louco!

Lançavam-lhe pedras, brandiam bastões; mas ele lhes fazia frente, saltitando e não ligando; e, se à esquerda o atacavam, ele virava à direita.

Em meio a risos e apupos, arrastando consigo a multidão, conseguiu chegar ao limiar da porta, onde, sob o dossel, ao lado da rainha, estava o Rei Marcos sentado. Aproximando da porta, dependurou a clava no pescoço e entrou. O rei o viu e disse:

— Eis um bom camarada... tragam-no aqui.

Trouxeram-no, a clava ao colo.

— Amigo, sede bem-vindo!

— Senhor — respondeu Tristão com a voz contrafeita —, bom e nobre entre todos os reis, eu sabia que, à vossa vista, meu coração se fundiria de ternura. Deus vos tenha em misericórdia, bom senhor!

— Amigo, que viestes buscar aqui dentro?

— Isolda, que eu tanto amei. Tenho uma irmã que vos trago, a belíssima Brunehault. A rainha vos aborrece, tentai esta; façamos uma troca: dou-vos minha irmã; dai-me Isolda; tomá-la-ei, e eu por amor vos hei de servir.

O rei deu uma risada e disse ao louco:

— Se eu te der a rainha, que farás dela? Onde a levarás?

— Lá em cima, entre céu e nuvens, em meu belo palácio de vidro. O sol com seus raios o atravessa, os ventos não o podem abalar. Lá levarei a rainha, a uma câmara de cristal, florida de rosas, incendiada todas as manhãs quando as tinge o sol.

O rei e os barões disseram uns aos outros.

— Eis um bom louco, hábil no falar!

Ele se sentara num tapete e ternamente punha os olhos em Isolda.

— Amigo — disse-lhe Marcos —, de onde vem a esperança que minha senhora irá querer um louco feio como vós?

— Senhor, tenho a isso direito; por ela sofri muito trabalho, por ela enlouqueci.

— Quem sois?

— Sou Tristão, o que tanto a rainha amou e que a amará ainda até a morte.

A esse nome, Isolda suspirou, mudou de cor e, aborrecida, lhe disse:

— Vade embora! Quem vos fez entrar aqui dentro? Vade embora, louco mau!

O louco disse:

— Rainha Isolda, não vos lembrai o dia em que, ofendido pelo chuço envenenado do Morholt, conduzindo minha harpa pelo mar, cheguei à vossa terra? Vós me curastes. Já vos não lembra, rainha?

— Vade embora, louco, nem vós nem vossas graças me divertem — disse Isolda.

Então o louco voltou-se contra os barões e os empurrou para a porta dizendo:

— Gente doida, para fora! Deixai-me só com Isolda, porque vim aqui para amá-la.

Sorriu o rei, mas a rainha enrubesceu:

— Senhor, enxotai este louco!

Mas o louco replicou, com voz mudada:

— Rainha Isolda, não vos lembra do grande dragão que em vossa terra matei? Escondi a língua na caneleira e, ardendo com o veneno, caí perto do pântano. Era, então, um maravilhoso cavaleiro! E a morte me esperava, quando me socorrestes.

— Silêncio — respondeu Isolda —, injurías aos cavaleiros, pois não passais de um louco de nascença. Malditos os marinheiros que aqui vos trouxeram, em vez de vos lançarem ao mar.

O louco deu uma risada e continuou:

— Rainha Isolda, lembrai-vos do banho em que queríeis me matar, com a minha espada. E da história do cabelo de ouro que vos sossegou. E como vos defendi do senescal mentiroso.

— Silêncio, mau falador! Por que vindes aqui contar fábulas? Ontem bebestes, sem dúvida, e a embriaguez vos faz sonhar.

— É verdade, estou bêbado, e de tal bebida que jamais se dissipará minha ebriedade. Rainha Isolda, não vos lembra daquele dia, tão belo e tão calmo, sobre o mar? Tínheis sede, não vos lembra, filha de reis? Bebemos ambos na mesma taça. Desde esse dia sempre estive bêbado e de má embriaguez.

Quando Isolda ouviu essas palavras, que só ela podia compreender, escondeu a face no manto, levantou-se, quis partir. Mas o rei reteve-a, pela pele de arminho, e fê-la tornar a sentar-se a seu lado.

— Esperai um pouco, Isolda, ouçamos até o fim estas loucuras. Louco, que sabeis fazer?

— Servi a reis e condes.

— Sabeis caçar com os cães? E com as aves?

— Certamente, quando me apraz caçar na floresta sei caçar com os meus galgos, com os grous que voam nas nuvens, com os meus perdigueiros, os cisnes, os patos brancos, os pombos selvagens; com meu arco, mergulhões e alcaravões!

Todos riram com vontade, e o rei perguntou:

— E que tomais, irmão, quando caçais por montes e vales?

— Caço tudo o que posso; com os meus açores, caço os lobos da floresta e os grandes ursos; com os meus gerifaltes, os javalis; com os meus falcões, os cabritos monteses e os gamos; as raposas com os meus gaviões; as lebres com os meus esmerilhões. E quando me recolho ao que me dá boa acolhida, sei jogar a clava, dividir os tições entre os escudeiros, afinar a minha harpa, cantar com música, amar as rainhas e na água corrente lançar ramos e cortiça bem talhada. Na verdade, não sou bom menestrel? Hoje vistes como sei esgrimir com o bastão.

E bateu com a clava em roda de si.

— Ide daqui, senhores da Cornualha! Por que ainda vos demorai? Já não comestes? Não estais fartos?

Havendo-se divertido com o louco, pediu o rei o seu corcel e seus falcões e levou à caça cavaleiros e escudeiros.

— Senhor — disse-lhe Isolda —, sinto-me cansada. Permiti que vá repousar em meus aposentos; não posso ouvir por mais tempo tais loucuras.

Retirou-se, pensativa, aos seus aposentos. Sentou-se em seu leito e se afundou em grande tristeza.

— Infeliz! Por que nasci? Tenho o coração apertado e aflito. Brangien, irmã minha, minha vida é tão dura que melhor me valeria a morte! Apareceu um louco, tosquiado em cruz, aqui dentro trazido em má hora. Aquele louco, mago e adivinho chegou aqui em má hora. Ele sabe tudo da minha vida; sabe de coisas que ninguém sabe, tirando vós, eu e Tristão; ele as sabe por feitiço ou sortilégio.

— Não será o próprio Tristão? — perguntou Brangien.

— Não, porque Tristão é belo e o melhor dos cavaleiros, e esse homem é horrível e disforme. Deus o amaldiçoe! Maldita a hora em que nasceu, e maldita a nau que o trouxe, em vez de o afogar nas ondas profundas!

— Sossegai, senhora — disse Brangien. — Sabeis hoje demais maldizer e praguejar. Onde aprendestes isso? E se esse homem fosse um mensageiro de Tristão?

— Não o creio; não o reconheci. Mas ide-o procurar, boa amiga, falai-lhe, vede se o reconheceis.

Brangien foi até a sala onde o louco, sentado em um banco, tinha ficado sozinho. Tristão a reconheceu, deixou cair a sua clava e lhe disse:

— Brangien, leal Brangien, por Deus vos peço, tende piedade de mim!

— Louco, que demônio vos ensinou meu nome?

— Desde há muito o aprendi! Por minha cabeça, que foi loura outrora, se a razão fugiu dela, fostes vós, bela, a causa. Não fostes vós que devíeis melhor guardar o filtro que bebi em alto mar? Bebi-o, em grande calma, em uma taça de prata, e estendi-a à Isolda. Vós somente o sabeis, minha bela. Já vos não lembra?

— Não! — respondeu Brangien e, muito perturbada, correu para os aposentos de Isolda.

Mas o louco correu após ela, exclamando: "Piedade!"

Ele entrou, viu Isolda, lançou-se para ela, os braços súplices que a queriam apertar ao peito; mas, envergonhada, molhada em suor de agonia, ela se esquivou para trás; vendo que lhe evitava a proximidade, Tristão tremeu de vergonha e raiva, recuou para a parede, perto da porta e, com a voz sempre disfarçada, disse:

— Certamente, vivi demais, pois que vi o dia em que Isolda me repeliu, não quer me amar, desdenha-me, me tem por vil! Ah, Isolda, tarde esquece quem muito ama! Isolda, é bela coisa uma fonte abundante que se espalha e flui em ondas largas e claras. Mas o dia em que seca, nada mais vale: tal é um amor que acabou.

— Irmão — diz-lhe Isolda —, eu vos olho, duvido e tremo. Não sei, não posso reconhecer Tristão em vós.

— Rainha Isolda, eu sou Tristão, o que tanto amastes. Lembrai o anão que semeou farinha entre os nossos leitos, do salto que dei e do sangue que de minha ferida gotejou. E do presente que vos mandei, o cão Petit-Crû, com o guizo encantado. E as cascas de árvore, bem talhadas, que eu lançava na corrente.

Isolda o olhou, suspirou sem saber o que dizer e acreditar. Vê bem que ele sabe todas as coisas, mas seria loucura acreditar que ele é Tristão, e Tristão lhe diz:

— Senhora rainha, sei bem que vos afastastes de mim, e de traição vos acuso. Conheci, entretanto, dias em que me amastes. Era na floresta profunda, na cabana de folhas. Lembrai o dia em que vos dei meu bom cão Husdent. Ah! Este me amou sempre e por mim deixaria a Loura Isolda. Onde está ele? Que fizestes dele? Ele, ao menos, me reconheceria!

— Ele vos reconheceria? Dizeis loucura; porque desde que Tristão partiu, lá ficou ele, deitado em sua casinha, ladrando contra quem se aproxima. Brangien, vai buscá-lo.

Brangien o conduziu.

— Vem cá, Husdent — diz Tristão —, tu eras meu, torno agora a tomar-te.

Quando Husdent ouviu a voz de Tristão, faz voar a trela das mãos de Brangien, correu até seu dono, rolou-lhe aos pés, lambeu-lhe as mãos, ladrou de alegria.

— Husdent! — exclamou o louco. — Bendito o trabalho que me deste em te criar! Recebeste-me melhor do que aquela que tanto me amava. Ela não quer reconhecer-me: reconhecerá ela este anel que me deu outrora, entre lágrimas e beijos, no dia da separação? Este pequeno anel de jaspe nunca me deixou: muitas vezes lhe pedi consolo nas minhas aflições, muitíssimas vezes molhei o jaspe verde com minhas lágrimas quentes!

Isolda viu o anel. Então, abriu os braços:

— Eis-me, Tristão! Tomai-me, amigo!

Tristão cessou de disfarçar a voz.

— Amiga, como tanto tempo depois me pudestes desconhecer mais que este cão? Que importa o anel? Não sentis que me teria sido mais doce ser reconhecido à evocação do nosso amor passado? Que importa o som de minha voz? Era o batimento de meu coração que deveríeis ter ouvido.

— Amigo — disse Isolda —, talvez o ouvisse mais cedo do que pensas; mas estamos cercados por embustes; deveria, como este cão, seguir o meu desejo, com o risco de te fazer prender e matar a meus olhos? Eu me guardava e vos guardava. Nem a recordação de vossa vida passada, nem o som de vossa voz, nem este anel mesmo, nada me provam, pois podem ser jogos maus de um feiticeiro. Rendo-me, entretanto, à vista do anel: jurei que assim que o revisse, embora me perdesse, faria o que me mandasses, fosse loucura, fosse sensatez. Juízo ou loucura, eis-me aqui, tomai-me Tristão!

Ela caiu, desmaiada, sobre o peito do amigo. Quando voltou a si, tinha-a Tristão nos braços e lhe beijava os olhos e a face. Em seus braços ele tinha a rainha.

Para divertirem-se com o louco, os servos, sob os degraus da sala, o acolheram, como um cão em seu canil. Ele sofria docemente motejos e pancadas, pois, às vezes, retomando sua atitude e sua beleza, passava de seu canto aos aposentos da rainha.

Mas, passados alguns dias, duas camareiras suspeitaram da fraude, advertiram Andret, que postou, diante dos aposentos das damas, uns espiões bem armados.

— Para trás, louco — gritavam eles —, volta a te deitar no teu leito de palha!

— E por que, bons senhores — disse o louco —, não irei hoje abraçar a rainha. Não sabeis que ela me ama e me espera?

Tristão brandiu a clava, eles tiveram medo e deixaram-no entrar. Tomou Isolda entre os seus braços.

— Amiga, já é preciso fugir, porque serei em breve descoberto. É preciso fugir e jamais, sem dúvida, tornar-vos-ei a ver. Minha morte está próxima: longe de vós, morrerei de meu desejo.

— Amigo, fechai sobre mim vossos braços, colai-me a vós tão estreitamente que, nesse abraço, se rompam nossos corações e nossas almas se vão! Levai-me à terra afortunada de que outrora me falaste: ao torrão de onde ninguém torna, onde menestréis insígnes cantam cânticos sem fim. Levai-me!

— Sim, eu vos levarei à Terra Feliz dos Vivos. O tempo se aproxima; não sorvemos já toda a miséria e toda a alegria? Chega o tempo; quando for cumprido, se eu vos chamar, Isolda, vireis?

— Amigo, chamai-me! Vós sabeis que irei!

— Amiga, que Deus vos recompense!

Quando ele passou o limiar, os espiões sobre ele se lançaram. Mas o louco deu uma risada, brandiu a clava e disse:

— Vós me enxotais, bons senhores, para quê? Nada mais tenho a fazer aqui, pois minha senhora me envia ao longe, para preparar o palácio claro que lhe prometi, o palácio de cristal, florido de rosas, iluminado pela manhã, quando reluz o sol!

— Vai, louco, em má hora!

❖

XIX

A morte

Assim que voltou para a Bretanha, em Carhaix, Tristão, para ajudar seu amigo Kaherdin, guerreou contra o Barão Bedalis. Caiu em uma emboscada preparada por Bedalis e seus irmãos. Tristão matou sete irmãos, mas ele foi ferido por uma lança envenenada.

Voltou penosamente ao castelo de Carhaix e mandou cuidar de seus ferimentos. Vieram muitos mestres físicos, mas nenhum conseguiu curá-lo do veneno. Inutilmente moeram raízes, colheram e infundiram ervas, fizeram beberagens. Tristão só piorava, e o veneno se espalhara por seu corpo. Tornou-se lívido, e os ossos começaram a aparecer.

Sentiu que lhe fugia a vida e compreendeu que ia morrer. Quis, então, rever Isolda, a Loura. Mas como ir até ela? Tão fraco estava que o mar o mataria; mas, se, porventura, chegasse a Cornualha, como escapar de seus inimigos? Em vão lamentava o veneno e esperava a morte.

Mandou chamar Kaherdin, secretamente, para lhe falar de sua aflição, pois ambos estavam ligados por um afeto leal. Quis que ninguém, afora Kaherdin, ficasse nos aposentos e até mesmo que ninguém ficasse nas salas vizinhas. Isolda, sua mulher, estranhou aquele desejo do marido. Ficou assustada e se pôs a ouvir a conversa. Foi apoiar-se fora do quarto, contra a parede onde se encostava o leito de Tristão. Escutou; um dos seus fiéis, de fora, espiava, para não a surpreenderem.

Vista da ilha de Tristão.

Tristão juntou forças, levantou-se, apoiou-se contra a parede. Kaherdin sentou-se ao lado dele, e ambos choraram juntos, comovidos. Choraram pela boa camaradagem de armas, tão cedo interrompida; choraram a boa amizade; choraram seus amores; e um contra o outro se lamentava.

— Bom amigo — diz-lhe Tristão —, estou em terra estranha onde não tenho parente nem amigo, exceto vós; só vós, nesta terra, me destes alegria e consolo. Perco minha vida; gostaria de rever Isolda, a Loura. Mas como poderia fazer para ela conhecer minha necessidade? Ah, se eu soubesse de um mensageiro que quisesse ir até ela, ela viria, tanto me ama! Kaherdin, bom camarada, por nossa amizade, pela nobreza do vosso corarão, vos peço: tentai por mim esta aventura, e, se me levais a mensagem, serei vosso vassalo e vos amarei acima de todos os homens.

Kaherdin viu Tristão chorar, desconsolar-se, lastimar-se; de ternura seu coração se amoleceu; por amor, docemente respondeu:

— Bom camarada, mais não vos lastimeis; cumprirei toda vossa vontade. Certamente, amigo, por amor de vós, entraria em aventura mortal. Nenhuma pena, nenhuma aflição me impedirá de fazer o que possa. Dizei o que mandais a rainha, e eu farei meus preparativos.

— Amigo, sede louvado! — respondeu Tristão. — Ouvide minha súplica. Tomai este anel. É a senha entre mim e ela. Chegando à sua terra, apresentai-vos como mercador. Levai-lhe tecidos de seda e mostrai-lhe este anel: logo virá falar convosco secretamente. Dizei-lhe, então, que meu coração a saúda; que só ela me dará conforto; dizei-lhe que, se não vier, morrerei; dizei-lhe que se lembre de nossos prazeres passados, das grandes penas e das grandes tristezas, e alegrias e doçuras de nosso leal e terno amor; que se lembre do filtro que juntos bebemos sobre o mar... ah, foi nossa morte que bebemos! Que se lembre do juramento que lhe fiz de não amar senão a ela, e eu cumpri a promessa!

Atrás da parede, Isolda das Mãos Alvas, ao ouvir estas palavras, quase desfaleceu.

— Apressai-vos, camarada, e tornai logo para mim; se demorais, não vos reverei mais. Tomai prazo de 40 dias e trazei-me Isolda, a Loura. De vossa irmã ocultai vossa partida ou dizei-lhe que ides em busca de um mestre físico. Levai minha nau; tomai convosco duas velas, uma branca, outra negra. Se trouxerdes Isolda, içai a vela branca; se não a trouxerdes, seja negra a vela. Amigo, nada mais tenho a vos dizer: que Deus vos guie e vos traga, são e salvo!

Ambos choraram e se lamentaram; Kaherdin beijou Tristão e se despediu.

Ao primeiro vento, pôs-se ao mar. Levantaram âncora os marinheiros, içaram a vela, singraram com bons ventos, e a proa cortou vagas altas e profundas. Levavam ricas mercadorias; panos de seda de cores raras, nobre baixela de Tours, vinhos de Poitou, gerifaltes da Espanha. Dessa forma, imaginava Kaherdin chegar perto de Isolda. Oito dias e oito noites fenderam eles as ondas e navegaram, a velas pandas, para a Cornualha.

Coisa tremenda é ira de mulher: cada qual que dela se precavenha! Ali onde mais houver amado, ali também mais cruelmente se vingará. O amor das mulheres vem depressa e depressa lhes vem o ódio. E sua inimizade, quando vem, é mais dura que a amizade. Sabem temperar o amor, mas não sabem temperar o ódio. Em pé, contra a parede, Isolda das Mãos Alvas ouvira todas as palavras. Ela havia tanto amado Tristão! Conhecia, finalmente, o amor dele por outra. Guardou as coisas ouvidas; se pudesse, um dia vingar-se-ia daquele a quem mais amou no mundo! Entretanto, nada deixou perceber; desde que as portas se abriram, entrou no quarto de Tristão e, disfarçando, continuou a bem servi-lo e tratá-lo, como convém a uma amante dedicada. Docemente lhe falava, beijava-o nos lábios, indagando se Kaherdin voltaria logo com o mestre físico que o devia curar. Mas no fundo estava buscando vingança.

Kaherdin não cessou de navegar, até que lançou âncora no porto de Tintagel. Tomou no punho um grande açor; levou um tecido de tinta rara e taça bem cinzelada; desta fez presente ao Rei Marcos, pedindo-lhe sua paz e salvaguarda para traficar em terra, sem temer dano de camarista ou visconde. O rei lhe deu licença diante de todos os homens de seu palácio. Então, Kaherdin ofereceu à rainha um broche cinzelado de ouro fino.

Disse ele à rainha:

— O ouro dele é bom.

E retirando do seu dedo o anel de Tristão, pô-lo ao lado da joia.

— Comparai, rainha, o ouro do broche é mais rico, entretanto o deste anel também tem seu valor.

Quando Isolda viu o anel de jaspe verde, tremeu-lhe o coração, perdeu a cor e, temendo o que ia ouvir, trouxe Kaherdin à parte, perto de uma janela, como para ver melhor e regatear o anel. Kaherdin disse-lhe simplesmente:

— Senhora, Tristão está ferido por ferro envenenado e vai morrer. Ele vos manda dizer que somente vós lhe podeis dar conforto. Ele vos lembra das grandes penas e dores juntos sofridas. Guardai este anel: ele vô-lo dá.

Quase desfalecendo, Isolda disse:

— Amigo, eu vos acompanharei. Amanhã, rompendo o dia, que esteja preparada a vossa nau!

No dia seguinte, pela manhã, a rainha disse que ia caçar com falcões e fez preparar cães e aves. Mas o Duque Andret, sempre a espioná-la, a acompanhou. Quando foram ao campo, não longe da praia do mar, um faisão se levantou. Andret deixou ir um falcão para caçá-lo, mas o tempo estava belo e claro, o falcão voou e desapareceu.

— Vede, Senhor Andret — disse a rainha —, o falcão pousou lá no porto, sobre o mastro de uma nau que eu não conheço. De quem será?

— Senhora — disse Andret —, é a nau desse mercador da Bretanha que ontem vos fez presente de um broche de ouro. Vamos lá buscar nosso falcão.

Kaherdin tinha posto uma prancha, como ponte, entre a praia e a amurada. Veio ao encontro da rainha.

— Senhora, se vos prouvesse, em minha nau entraríeis, e ricas mercadorias eu vos mostraria.

— De bom grado, senhor — disse a rainha.

Ela saltou do cavalo, foi para a prancha, atravessou-a, entrou na nau. Andret quis segui-la e pisou na prancha, mas Kaherdin, em pé sobre a amurada, o feriu com o remo. Andret cambaleou e caiu no mar. Quis reerguer-se, mas Kaherdin tornou a abatê-lo a golpes de remo e debaixo da água o manteve, exclamando:

— Morre, traidor! Eis o pagamento por todo o mal que fizeste a Tristão e à Rainha Isolda.

Assim o Senhor Deus vingou os amantes dos traidores que tanto os haviam odiado! Todos os quatro de má morte morreram: Guenelon, Gondoine, Denoalen e Andret!

A âncora estava suspensa, o mastro içado, panda a vela. O vento fresco da manhã assobiava nos ovéns, enfunando os panos. Fora do porto, para o alto mar, todo branco e luminoso, a nau avançou, sob os raios do sol.

Em Carhaix, Tristão definhava. Ele desejava a vinda de Isolda. Nada mais o confortava e, se vivia ainda, é porque a esperava. Cada dia, mandava à praia um servo para ver se a nau chegava e ver a cor da vela; nenhum outro desejo lhe ocupava o coração. Fez-se conduzir ao promontório de Penmarch e, todo o tempo que o sol ainda estava no horizonte, olhava ao longe o mar.

Ouvide, senhores, dolorosa aventura, penosa a todos os que amam. Isolda se aproximava; o promontório de Penmarch apontava ao longe, e a nave singrava mais alegre. Mas um vento de tempestade soprou de repente contra a vela, fez rodar a nau sobre si mesma. Os marinheiros meteram de ló, e, a contragosto, veio vento pela popa. O tempo assustava; as vagas profundas sublevavam-se; o ar se adensou de trevas: o mar ficou escuro; caiu a chuva em rajadas. Ovéns e bolinas se romperam; os marinheiros abaixaram a grande vela e bordejaram ao léu da correnteza; eles se esqueceram, por infelicidade, de içar a bordo a barquinha, amarrada à popa, e que o sulco seguia da nave. Uma vaga quebrou-a e carregou-a.

— Ah, infeliz! — exclamou Isolda. — Deus não quer que eu viva até ver Tristão, meu amigo, uma vez ainda, uma vez só; quer que neste mar seja afogada. Tristão, se eu tivesse falado com vós mais uma vez, pouco me importaria de morrer. Amigo, se não chego até vós, é que Deus não quer, e é minha maior dor. A morte não é nada para mim; pois, se Deus o quer, aceito-a; mas, amigo, quando o souberdes, morrereis também! Nosso amor é de tal modo que não podereis morrer sem mim, nem eu sem vós. Vejo vossa morte diante de mim, ao mesmo tempo a minha. Ah, amigo, falhou o meu desejo: era ele de morrer em vossos braços, de ser sepultada em vosso esquife; mas assim não quis Deus. Vou morrer só, e sem vós desaparecer no mar. Talvez nem saibais de minha morte, esperando que eu chegue. Se Deus quiser, ficareis curado. Talvez, após mim, ireis amar outra mulher, amareis Isolda das Mãos Alvas! Não sei o que será de vós, amigo; se vos soubesse morto, não viveria mais. Que Deus nos conceda, amigo, ou que vos cure, ou ambos morramos da mesma agonia!

Assim gemeu a rainha, enquanto durou a tormenta. Mas, após cinco dias, caiu o vento e veio bom tempo. No topo do mastro Kaherdin içou alegremente a vela branca, para que de longe Tristão a visse. Kaherdin viu a Bretanha... Logo a calma sobreveio à tempestade, o mar tornou-se doce e liso, o vento murchou as velas, e os marinheiros bordejaram, para cima, para baixo, de um lado para outro. Ao longe viam a costa, mas a tempestade lhes levara a barquinha, de modo que não podiam chegar à terra. Na terceira noite, Isolda sonhou que tinha no seu regaço a cabeça de um grande javali que lhe manchava de sangue o vestido e por isso soube que não tornaria a ver vivo seu amigo.

Tristão já estava fraco demais para vigiar na ribanceira de Penmarch e desde longos dias, longe da praia, chorava Isolda, que não chegava. Dolente e cansado, ele se queixava, suspirava, agitava-se. Pouco faltava para morrer de seu desejo.

Finalmente, o vento refrescou, e a vela branca apareceu.

Foi então que Isolda das Mãos Alvas se vingou. Ela chegou ao leito de Tristão e lhe disse:

— Amigo, Kaherdin está perto. Vi a nave no mar; avança com dificuldade, mas reconheci-a. Possa ele trazer o que vos deve curar!

Tristão estremeceu:

— Boa amiga, estais certa de que é a sua nau? Dizei-me como é a vela.

— Eu a vi. Eles a abriram e içaram bem alto, porque há pouco vento. Ela é toda negra.

Tristão virou-se contra a parede e disse:

— Não posso mais reter a minha vida.

Disse três vezes: "Isolda, minha amiga". Na quarta vez, entregou a alma a Deus. Então, pela casa choraram os cavaleiros, os companheiros de Tristão. Tiraram-no do leito e o estenderam sobre um rico tapete, cobrindo-lhe o corpo com um sudário.

Sobre o mar, soprava o vento e enchia-se a vela, levando a nau para junto de terra. Isolda, a Loura, saiu depressa. Ouviu as grandes lamentações pelas ruas, e os sinos que dobravam, nas capelas e nos mosteiros. Perguntou às pessoas da terra o porquê daquelas lamentações tão doloridas.

— Senhora — disse-lhe um velho —, temos profunda mágoa. Tristão, o Franco, o Bravo, morreu. Era generoso com os necessitados; compadecido com os doentes. Foi o pior desastre que à nossa terra sucedeu.

Isolda o ouviu e não pôde dizer nada. Subiu ao palácio. Seguiu a rua com o véu desatado. Os bretões maravilharam-se de vê-la. Jamais haviam visto uma mulher tão bela. Quem era? De onde vinha?

Sobre a tumba de Tristão e Isolda, nascem dois arbustos, cujos galhos, entrelaçados, não podem ser separados.

Junto de Tristão, Isolda das Mãos Alvas, desesperada pelo mal que causara, dava grandes gritos sobre o cadáver. A outra Isolda entrou e disse-lhe:

— Senhora, levantai-vos e deixai que me aproxime. Tenho mais direito a chorar do que vós; acreditai-me: eu o amei mais.

Voltou-se para o Oriente e orou a Deus. Depois, descobriu um pouco o corpo, estendeu-se junto dele. Beijou-lhe a boca e a face e abraçou-o, apertado: corpo contra corpo, boca contra boca, e morreu com ele, pela morte de seu amigo.

Quando o Rei Marcos soube da morte dos amantes, atravessou o mar e, vindo à Bretanha, fez lavrar dois esquifes, um de calcedônia para Isolda, outro de berilo, para Tristão. Levou para Tintagel os corpos amados. Junto de uma capela, à esquerda e à direita da abside, sepultou-os em dois túmulos. Mas durante a noite, do túmulo de Tristão desabrochou um espinheiro verde e enfolhado, de fortes ramos, de flores odorantes, que, se elevando sobre a capela, penetrava no túmulo de Isolda. As pessoas da terra cortaram o espinheiro. Mas, no outro dia, ele renasceu verde, vivaz, florido e penetrou até o leito de Isolda, a Loura. Por três vezes tentaram-no destruir; foi inútil. Enfim, contam a maravilha ao Rei Marcos. O rei proibiu que cortassem daquele dia em diante o arbusto.

Os bons trovadores de outrora, Béroul e Thomas e monsenhor Eilhart e mestre Gotfried, contaram este conto para todos que amam, e não para os outros. Por mim, vos transmitem a sua saudação. Saúdam os cuidadosos e os felizes, os descontentes e os desejosos, os alegres e os tristes, saúdam a todos os amantes. Possam eles aqui achar consolação contra a inconstância, contra a injustiça, contra o despeito, contra a aflição, contra todos os males do amor!

O objetivo, a filosofia e a missão da Editora Martin Claret

O principal objetivo da Martin Claret é contribuir para a difusão da educação e da cultura, por meio da democratização do livro, usando os canais de comercialização habituais, além de criar novos.

A filosofia de trabalho da Martin Claret consiste em produzir livros de qualidade a um preço acessível, para que possam ser apreciados pelo maior número possível de leitores.

A missão da Martin Claret é conscientizar e motivar as pessoas a desenvolver e utilizar o seu pleno potencial espiritual, mental, emocional e social.

O livro muda as pessoas. Revolucione-se: leia mais para ser mais!

MARTIN CLARET

Relação dos Volumes Publicados

1. **Dom Casmurro**
Machado de Assis
2. **O Príncipe**
Maquiavel
3. **Mensagem**
Fernando Pessoa
4. **O Lobo do Mar**
Jack London
5. **A Arte da Prudência**
Baltasar Gracián
6. **Iracema / Cinco Minutos**
José de Alencar
7. **Inocência**
Visconde de Taunay
8. **A Mulher de 30 Anos**
Honoré de Balzac
9. **A Moreninha**
Joaquim Manuel de Macedo
10. **A Escrava Isaura**
Bernardo Guimarães
11. **As Viagens - "Il Milione"**
Marco Polo
12. **O Retrato de Dorian Gray**
Oscar Wilde
13. **A Volta ao Mundo em 80 Dias**
Júlio Verne
14. **A Carne**
Júlio Ribeiro
15. **Amor de Perdição**
Camilo Castelo Branco
16. **Sonetos**
Luís de Camões
17. **O Guarani**
José de Alencar
18. **Memórias Póstumas de Brás Cubas**
Machado de Assis
19. **Lira dos Vinte Anos**
Álvares de Azevedo
20. **Apologia de Sócrates / Banquete**
Platão
21. **A Metamorfose/Um Artista da Fome/Carta a Meu Pai**
Franz Kafka
22. **Assim Falou Zaratustra**
Friedrich Nietzsche
23. **Triste Fim de Policarpo Quaresma**
Lima Barreto
24. **A Ilustre Casa de Ramires**
Eça de Queirós
25. **Memórias de um Sargento de Milícias**
Manuel Antônio de Almeida
26. **Robinson Crusoé**
Daniel Defoe
27. **Espumas Flutuantes**
Castro Alves
28. **O Ateneu**
Raul Pompéia
29. **O Noviço / O Juiz de Paz da Roça / Quem Casa Quer Casa**
Martins Pena
30. **A Relíquia**
Eça de Queirós
31. **O Jogador**
Dostoiévski
32. **Histórias Extraordinárias**
Edgar Allan Poe
33. **Os Lusíadas**
Luís de Camões
34. **As Aventuras de Tom Sawyer**
Mark Twain
35. **Bola de Sebo e Outros Contos**
Guy de Maupassant
36. **A República**
Platão
37. **Elogio da Loucura**
Erasmo de Rotterdam
38. **Caninos Brancos**
Jack London
39. **Hamlet**
William Shakespeare
40. **A Utopia**
Thomas More
41. **O Processo**
Franz Kafka
42. **O Médico e o Monstro**
Robert Louis Stevenson
43. **Ecce Homo**
Friedrich Nietzsche
44. **O Manifesto do Partido Comunista**
Marx e Engels
45. **Discurso do Método / Regras para a Direção do Espírito**
René Descartes
46. **Do Contrato Social**
Jean-Jacques Rousseau
47. **A Luta pelo Direito**
Rudolf von Ihering
48. **Dos Delitos e das Penas**
Cesare Beccaria
49. **A Ética Protestante e o Espírito do Capitalismo**
Max Weber
50. **O Anticristo**
Friedrich Nietzsche
51. **Os Sofrimentos do Jovem Werther**
Goethe
52. **As Flores do Mal**
Charles Baudelaire
53. **Ética a Nicômaco**
Aristóteles
54. **A Arte da Guerra**
Sun Tzu
55. **Imitação de Cristo**
Tomás de Kempis
56. **Cândido ou o Otimismo**
Voltaire
57. **Rei Lear**
William Shakespeare
58. **Frankenstein**
Mary Shelley
59. **Quincas Borba**
Machado de Assis
60. **Fedro**
Platão
61. **Política**
Aristóteles
62. **A Viuvinha / Encarnação**
José de Alencar
63. **As Regras do Método Sociológico**
Émile Durkheim
64. **O Cão dos Baskervilles**
Sir Arthur Conan Doyle
65. **Contos Escolhidos**
Machado de Assis
66. **Da Morte / Metafísica do Amor / Do Sofrimento do Mundo**
Arthur Schopenhauer
67. **As Minas do Rei Salomão**
Henry Rider Haggard
68. **Manuscritos Econômico-Filosóficos**
Karl Marx
69. **Um Estudo em Vermelho**
Sir Arthur Conan Doyle
70. **Meditações**
Marco Aurélio
71. **A Vida das Abelhas**
Maurice Materlinck
72. **O Cortiço**
Aluísio Azevedo
73. **Senhora**
José de Alencar
74. **Brás, Bexiga e Barra Funda / Laranja da China**
Antônio de Alcântara Machado
75. **Eugênia Grandet**
Honoré de Balzac
76. **Contos Gauchescos**
João Simões Lopes Neto
77. **Esaú e Jacó**
Machado de Assis
78. **O Desespero Humano**
Sören Kierkegaard
79. **Dos Deveres**
Cícero
80. **Ciência e Política**
Max Weber
81. **Satíricon**
Petrônio
82. **Eu e Outras Poesias**
Augusto dos Anjos
83. **Farsa de Inês Pereira / Auto da Barca do Inferno / Auto da Alma**
Gil Vicente
84. **A Desobediência Civil e Outros Escritos**
Henry David Toreau
85. **Para Além do Bem e do Mal**
Friedrich Nietzsche
86. **A Ilha do Tesouro**
R. Louis Stevenson
87. **Marília de Dirceu**
Tomás A. Gonzaga
88. **As Aventuras de Pinóquio**
Carlo Collodi
89. **Segundo Tratado Sobre o Governo**
John Locke
90. **Amor de Salvação**
Camilo Castelo Branco
91. **Broquéis/Faróis/ Ultimos Sonetos**
Cruz e Souza
92. **I-Juca-Pirama / Os Timbiras / Outros Poemas**
Gonçalves Dias
93. **Romeu e Julieta**
William Shakespeare
94. **A Capital Federal**
Arthur Azevedo
95. **Diário de um Sedutor**
Sören Kierkegaard
96. **Carta de Pero Vaz de Caminha a El-Rei Sobre o Achamento do Brasil**
97. **Casa de Pensão**
Aluísio Azevedo
98. **Macbeth**
William Shakespeare

99. **Édipo Rei/Antígona**
Sófocles

100. **Lucíola**
José de Alencar

101. **As Aventuras de Sherlock Holmes**
Sir Arthur Conan Doyle

102. **Bom-Crioulo**
Adolfo Caminha

103. **Helena**
Machado de Assis

104. **Poemas Satíricos**
Gregório de Matos

105. **Escritos Políticos / A Arte da Guerra**
Maquiavel

106. **Ubirajara**
José de Alencar

107. **Diva**
José de Alencar

108. **Eurico, o Presbítero**
Alexandre Herculano

109. **Os Melhores Contos**
Lima Barreto

110. **A Luneta Mágica**
Joaquim Manuel de Macedo

111. **Fundamentação da Metafísica dos Costumes e Outros Escritos**
Immanuel Kant

112. **O Príncipe e o Mendigo**
Mark Twain

113. **O Domínio de Si Mesmo Pela Auto-Sugestão Consciente**
Émile Coué

114. **O Mulato**
Aluísio Azevedo

115. **Sonetos**
Florbela Espanca

116. **Uma Estadia no Inferno / Poemas / Carta do Vidente**
Arthur Rimbaud

117. **Várias Histórias**
Machado de Assis

118. **Fédon**
Platão

119. **Poesias**
Olavo Bilac

120. **A Conduta para a Vida**
Ralph Waldo Emerson

121. **O Livro Vermelho**
Mao Tsé-Tung

122. **Oração aos Moços**
Rui Barbosa

123. **Otelo, o Mouro de Veneza**
William Shakespeare

124. **Ensaios**
Ralph Waldo Emerson

125. **De Profundis / Balada do Cárcere de Reading**
Oscar Wilde

126. **Crítica da Razão Prática**
Immanuel Kant

127. **A Arte de Amar**
Ovídio Naso

128. **O Tartufo ou O Impostor**
Molière

129. **Metamorfoses**
Ovídio Naso

130. **A Gaia Ciência**
Friedrich Nietzsche

131. **O Doente Imaginário**
Molière

132. **Uma Lágrima de Mulher**
Aluísio Azevedo

133. **O Último Adeus de Sherlock Holmes**
Sir Arthur Conan Doyle

134. **Canudos - Diário de Uma Expedição**
Euclides da Cunha

135. **A Doutrina de Buda**
Siddharta Gautama

136. **Tao Te Ching**
Lao-Tsé

137. **Da Monarquia / Vida Nova**
Dante Alighieri

138. **A Brasileira de Prazins**
Camilo Castelo Branco

139. **O Velho da Horta/Quem Tem Farelos?/Auto da Índia**
Gil Vicente

140. **O Seminarista**
Bernardo Guimarães

141. **O Alienista / Casa Velha**
Machado de Assis

142. **Sonetos**
Manuel du Bocage

143. **O Mandarim**
Eça de Queirós

144. **Noite na Taverna / Macário**
Álvares de Azevedo

145. **Viagens na Minha Terra**
Almeida Garrett

146. **Sermões Escolhidos**
Padre Antonio Vieira

147. **Os Escravos**
Castro Alves

148. **O Demônio Familiar**
José de Alencar

149. **A Mandrágora / Belfagor, o Arquidiabo**
Maquiavel

150. **O Homem**
Aluísio Azevedo

151. **Arte Poética**
Aristóteles

152. **A Megera Domada**
William Shakespeare

153. **Alceste/Electra/Hipólito**
Eurípedes

154. **O Sermão da Montanha**
Huberto Rohden

155. **O Cabeleira**
Franklin Távora

156. **Rubáiyát**
Omar Khayyám

157. **Luzia-Homem**
Domingos Olímpio

158. **A Cidade e as Serras**
Eça de Queirós

159. **A Retirada da Laguna**
Visconde de Taunay

160. **A Viagem ao Centro da Terra**
Júlio Verne

161. **Caramuru**
Frei Santa Rita Durão

162. **Clara dos Anjos**
Lima Barreto

163. **Memorial de Aires**
Machado de Assis

164. **Bhagavad Gita**
Krishna

165. **O Profeta**
Khalil Gibran

166. **Aforismos**
Hipócrates

167. **Kama Sutra**
Vatsyayana

168. **O Livro da Jângal**
Rudyard Kipling

169. **De Alma para Alma**
Huberto Rohden

170. **Orações**
Cícero

171. **Sabedoria das Parábolas**
Huberto Rohden

172. **Salomé**
Oscar Wilde

173. **Do Cidadão**
Thomas Hobbes

174. **Porque Sofremos**
Huberto Rohden

175. **Einstein: o Enigma do Universo**
Huberto Rohden

176. **A Mensagem Viva do Cristo**
Huberto Rohden

177. **Mahatma Gandhi**
Huberto Rohden

178. **A Cidade do Sol**
Tommaso Campanella

179. **Setas para o Infinito**
Huberto Rohden

180. **A Voz do Silêncio**
Helena Blavatsky

181. **Frei Luís de Sousa**
Almeida Garrett

182. **Fábulas**
Esopo

183. **Cântico de Natal/ Os Carrilhões**
Charles Dickens

184. **Contos**
Eça de Queirós

185. **O Pai Goriot**
Honoré de Balzac

186. **Noites Brancas e Outras Histórias**
Dostoiévski

187. **Minha Formação**
Joaquim Nabuco

188. **Pragmatismo**
William James

189. **Discursos Forenses**
Enrico Ferri

190. **Medéia**
Eurípedes

191. **Discursos de Acusação**
Enrico Ferri

192. **A Ideologia Alemã**
Marx & Engels

193. **Prometeu Acorrentado**
Ésquilo

194. **Iaiá Garcia**
Machado de Assis

195. **Discursos no Instituto dos Advogados Brasileiros / Discurso no Colégio Anchieta**
Rui Barbosa

196. **Édipo em Colono**
Sófocles

197. **A Arte de Curar pelo Espírito**
Joel S. Goldsmith

198. **Jesus, o Filho do Homem**
Khalil Gibran

199. **Discurso sobre a Origem e os Fundamentos da Desigualdade entre os Homens**
Jean-Jacques Rousseau

200. **Fábulas**
La Fontaine

201. **O Sonho de uma Noite de Verão**
William Shakespeare

202. Maquiavel, o Poder
José Nivaldo Junior

203. Ressurreição
Machado de Assis

204. O Caminho da Felicidade
Huberto Rohden

205. A Velhice do Padre Eterno
Guerra Junqueiro

206. O Sertanejo
José de Alencar

207. Gitanjali
Rabindranath Tagore

208. Senso Comum
Thomas Paine

209. Canaã
Graça Aranha

210. O Caminho Infinito
Joel S. Goldsmith

211. Pensamentos
Epicuro

212. A Letra Escarlate
Nathaniel Hawthorne

213. Autobiografia
Benjamin Franklin

214. Memórias de Sherlock Holmes
Sir Arthur Conan Doyle

215. O Dever do Advogado / Posse de Direitos Pessoais
Rui Barbosa

216. O Tronco do Ipê
José de Alencar

217. O Amante de Lady Chatterley
D. H. Lawrence

218. Contos Amazônicos
Inglês de Souza

219. A Tempestade
William Shakespeare

220. Ondas
Euclides da Cunha

221. Educação do Homem Integral
Huberto Rohden

222. Novos Rumos para a Educação
Huberto Rohden

223. Mulherzinhas
Louise May Alcott

224. A Mão e a Luva
Machado de Assis

225. A Morte de Ivan Ilicht / Senhores e Servos
Leon Tolstói

226. Álcoois e Outros Poemas
Apollinaire

227. Pais e Filhos
Ivan Turguêniev

228. Alice no País das Maravilhas
Lewis Carroll

229. À Margem da História
Euclides da Cunha

230. Viagem ao Brasil
Hans Staden

231. O Quinto Evangelho
Tomé

232. Lorde Jim
Joseph Conrad

233. Cartas Chilenas
Tomás Antônio Gonzaga

234. Odes Modernas
Anntero de Quental

235. Do Cativeiro Babilônico da Igreja
Martinho Lutero

236. O Coração das Trevas
Joseph Conrad

237. Thais
Anatole France

238. Andrômaca / Fedra
Racine

239. As Catilinárias
Cícero

240. Recordações da Casa dos Mortos
Dostoiévski

241. O Mercador de Veneza
William Shakespeare

242. A Filha do Capitão / A Dama de Espadas
Aleksandr Púchkin

243. Orgulho e Preconceito
Jane Austen

244. A Volta do Parafuso
Henry James

245. O Gaúcho
José de Alencar

246. Tristão e Isolda
Lenda Medieval Celta de Amor

247. Poemas Completos de Alberto Caeiro
Fernando Pessoa

248. Maiakósvski
Vida e Poesia

249. Sonetos
William Shakespeare

250. Poesia de Ricardo Reis
Fernando Pessoa

251. Papéis Avulsos
Machado de Assis

252. Contos Fluminenses
Machado de Assis

253. O Bobo
Alexandre Herculano

254. A Oração da Coroa
Demóstenes

255. O Castelo
Franz Kafka

256. O Trovejar do Silêncio
Joel S. Goldsmith

257. Alice na Casa dos Espelhos
Lewis Carrol

258. Miséria da Filosofia
Karl Marx

259. Júlio César
William Shakespeare

260. Antônio e Cleópatra
William Shakespeare

261. Filosofia da Arte
Huberto Rohden

262. A Alma Encantadora das Ruas
João do Rio

263. A Normalista
Adolfo Caminha

264. Pollyanna
Eleanor H. Porter

265. As Pupilas do Senhor Reitor
Júlio Diniz

266. As Primaveras
Casimiro de Abreu

267. Fundamentos do Direito
Léon Duguit

268. Discursos de Metafísica
G. W. Leibniz

269. Sociologia e Filosofiia
Émile Durkheim

270. Cancioneiro
Fernando Pessoa

271. A Dama das Camélias
Alexandre Dumas (filho)

272. O Divórcio / As Bases da Fé / e outros textos
Rui Barbosa

273. Pollyanna Moça
Eleanor H. Porter

274. O 18 Brumário de Luís Bonaparte
Karl Marx

275. Teatro de Machado de Assis
Antologia

276. Cartas Persas
Montesquieu

277. Em Comunhão com Deus
Huberto Rohden

278. Razão e Sensibilidade
Jane Austen

279. Crônicas Selecionadas
Machado de Assis

280. Histórias da Meia-Noite
Machado de Assis

281. Cyrano de Bergerac
Edmond Rostand

282. O Maravilhoso Mágico de Oz
L. Frank Baum

283. Trocando Olhares
Florbela Espanca

284. O Pensamento Filosófico da Antiguidade
Huberto Rohden

285. Filosofia Contemporânea
Huberto Rohden

286. O Espírito da Filosofia Oriental
Huberto Rohden

287. A Pele do Lobo / O Badejo / o Dote
Artur Azevedo

288. Os Bruzundangas
Lima Barreto

289. A Pata da Gazela
José de Alencar

290. O Vale do Terror
Sir Arthur Conan Doyle

291. O Signo dos Quatro
Sir Arthur Conan Doyle

292. As Máscaras do Destino
Florbela Espanca

293. A Confissão de Lúcio
Mário de Sá-Carneiro

294. Falenas
Machado de Assis

295. O Uraguai / A Declamação Trágica
Basílio da Gama

296. Crisálidas
Machado de Assis

297. Americanas
Machado de Assis

298. A Carteira de Meu Tio
Joaquim Manuel de Macedo

299. Catecismo da Filosofia
Huberto Rohden

300. Apologia de Sócrates
Platão (Edição bilingue)

301. Rumo à Consciência Cósmica
Huberto Rohden

302. Cosmoterapia
Huberto Rohden

303. Bodas de Sangue
Federico García Lorca

304. Discurso da Servidão Voluntária
Étienne de La Boétie

305. **Categorias**
Aristóteles

306. **Manon Lescaut**
Abade Prévost

307. **Teogonia / Trabalho e Dias**
Hesíodo

308. **As Vítimas-Algozes**
Joaquim Manuel de Macedo

309. **Persuasão**
Jane Austen

310. **Agostinho** - *Huberto Rohden*

311. **Roteiro Cósmico**
Huberto Rohden

312. **A Queda dum Anjo**
Camilo Castelo Branco

313. **O Cristo Cósmico e os Essênios** - *Huberto Rohden*

314. **Metafísica do Cristianismo**
Huberto Rohden

315. **Rei Édipo** - *Sófocles*

316. **Livro dos provérbios**
Salomão

317. **Histórias de Horror**
Howard Phillips Lovecraft

318. **O Ladrão de Casaca**
Maurice Leblanc

Série Ouro
(Livros com mais de 400 p.)

1. **Leviatã**
Thomas Hobbes

2. **A Cidade Antiga**
Fustel de Coulanges

3. **Crítica da Razão Pura**
Immanuel Kant

4. **Confissões**
Santo Agostinho

5. **Os Sertões**
Euclides da Cunha

6. **Dicionário Filosófico**
Voltaire

7. **A Divina Comédia**
Dante Alighieri

8. **Ética Demonstrada à Maneira dos Geômetras**
Baruch de Spinoza

9. **Do Espírito das Leis**
Montesquieu

10. **O Primo Basílio**
Eça de Queirós

11. **O Crime do Padre Amaro**
Eça de Queirós

12. **Crime e Castigo**
Dostoiévski

13. **Fausto**
Goethe

14. **O Suicídio**
Émile Durkheim

15. **Odisseia**
Homero

16. **Paraíso Perdido**
John Milton

17. **Drácula**
Bram Stoker

18. **Ilíada**
Homero

19. **As Aventuras de Huckleberry Finn**
Mark Twain

20. **Paulo – O 13º Apóstolo**
Ernest Renan

21. **Eneida**
Virgílio

22. **Pensamentos**
Blaise Pascal

23. **A Origem das Espécies**
Charles Darwin

24. **Vida de Jesus**
Ernest Renan

25. **Moby Dick**
Herman Melville

26. **Os Irmãos Karamazovi**
Dostoiévski

27. **O Morro dos Ventos Uivantes**
Emily Brontë

28. **Vinte Mil Léguas Submarinas**
Júlio Verne

29. **Madame Bovary**
Gustave Flaubert

30. **O Vermelho e o Negro**
Stendhal

31. **Os Trabalhadores do Mar**
Victor Hugo

32. **A Vida dos Doze Césares**
Suetônio

33. **O Moço Loiro**
Joaquim Manuel de Macedo

34. **O Idiota**
Dostoiévski

35. **Paulo de Tarso**
Huberto Rohden

36. **O Peregrino**
John Bunyan

37. **As Profecias**
Nostradamus

38. **Novo Testamento**
Huberto Rohden

39. **O Corcunda de Notre Dame**
Victor Hugo

40. **Arte de Furtar**
Anônimo do século XVII

41. **Germinal**
Émile Zola

42. **Folhas de Relva**
Walt Whitman

43. **Ben-Hur — Uma História dos Tempos de Cristo**
Lew Wallace

44. **Os Maias**
Eça de Queirós

45. **O Livro da Mitologia**
Thomas Bulfinch

46. **Os Três Mosqueteiros**
Alexandre Dumas

47. **Poesia de Álvaro de Campos**
Fernando Pessoa

48. **Jesus Nazareno**
Huberto Rohden

49. **Grandes Esperanças**
Charles Dickens

50. **A Educação Sentimental**
Gustave Flaubert

51. **O Conde de Monte Cristo (Volume I)**
Alexandre Dumas

52. **O Conde de Monte Cristo (Volume II)**
Alexandre Dumas

53. **Os Miseráveis (Volume I)**
Victor Hugo

54. **Os Miseráveis (Volume II)**
Victor Hugo

55. **Dom Quixote de La Mancha (Volume I)**
Miguel de Cervantes

56. **Dom Quixote de La Mancha (Volume II)**
Miguel de Cervantes

57. **As Confissões**
Jean-Jacques Rousseau

58. **Contos Escolhidos**
Artur Azevedo

59. **As Aventuras de Robin Hood**
Howard Pyle